ちくま新書

バブルと資本主義が日本をつぶす

――人口減と貧困の資本論

大西広
Onishi Hiroshi

1823

バブルと資本主義が日本をつぶす

――人口減と貧困の資本論

【目次】

制作協力　角田裕育

この貧困の原因は現存の社会的状況、ことに競争である。……人びとは別の原因を見つけ出そうと努めてきた。……さらに何百もの別の原因があげられているが、それらとてやはりほとんど証明にはなっていない。貧困は現在の社会制度の必然的な結果であり、これ以外には、貧困のあらわれかたの原因を求めることはできても、貧困そのものの原因を求めることはできない。（エンゲルス著、一條和生・杉山忠平訳『イギリスにおける労働者階級の状態』岩波文庫版、下巻204―206ページ）

まえがき――バブル経済と深刻化する貧困、そして人口減

このところ気になって仕方がないのは、迫りくる人口減の問題である。東京への一極集中は強まる一方だが、首都圏には人口減への切迫感がはっきり言ってない。時には新聞の大見出しに「人口減に拍車！」といった言葉が躍るが、数十年後に何千万人も日本の人口が減ることを分かっているのか、と気になって仕方がないのである。

たとえば、都内には大小無数の大学があるが、その「学生予備軍」たる子供がどんどん減っていることへの危機感は、大学にあるのだろうか。1950年は、年間234万人程度だった出生数が、2023年は73万人弱だった（グラフ0－1）。私の予想では100年後の出生数は25万人程度まで縮小する。つまり、2124年の出生数は、1950年の9分の1から10分の1程度にまで縮むのだが、その時どれほどの大学が存続し得ているだろうか。

実際、韓国はすでに危機的なレベルにまで出生数が減少し、最近のニュースでは、韓国

グラフ0-1　日本の出生数および合計特殊出生率の推移

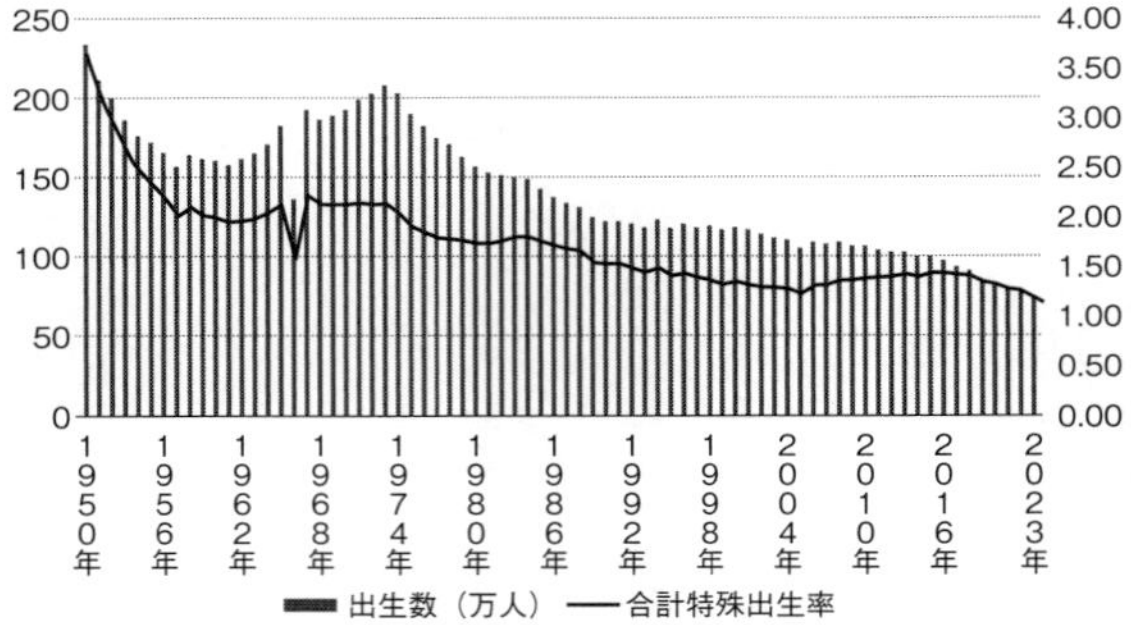

全土169の大学が募集人員を満たすことができず、応募が定員の半数にさえ満たなかった地方大学も4校あったという。日本の大学でも私学の半数はすでに定員割れを起こしている。

もちろん、これは現在の少子化トレンドが続くのならという前提の話なので、根本的な社会変革が起きればそうはならない。問題はいま述べたこの危機をどこまで真剣に考えているかということにある。

人口減の根本的な原因は、結婚できないほどに若者が貧困化したことにあるから、変革は若者の貧困を撲滅することでなければならないと、私は2023年に出版した『「人口ゼロ」の資本論』（講談社+α新書）で述べた。確かに人口減のトレンドは世界共通なので、これを正常なものとする見方もあろうが、どうして若者たちが結婚をしたり、子供を持ったりしなくなったかという現実を見る時、生育コストの上昇に見合う所得増ができていないからだと気づく。そして、その認識の上に結婚できなくなっている若者の貧困をなくすために徹底した平等化が必要、それには資本主義からの脱却、つまり社会主義、共産主義が不可欠と同書で述べた。

結婚したくてもできないほどの若者の貧困という課題は、たんに人口問題だけではなく、現在の他の各種重大問題とも関わっている。「貧困」が資本家による賃金支払いの抑制であるとしたら（実際そうなのだが）、24年7月に「史上最高値《さいたかね》を記録」した日経平均の謎とも関連があって、それだけ日本経済がひどいことになっていることを示している。

だいたい日経平均の上昇は資産家にとっては嬉しくとも、その裏で実質賃金が１９９７年のピーク時から２０２４年までに18・３％も低下し、30年ぶりの賃上げと騒がれた２０２３年度も、物価上昇で実質２・２％の賃下げであった。つまり、「日経平均の上昇」は、「大幅賃下げ」と共存しているわけで、これは異常という以外にない。

ただし、この異常を「賃下げの結果、株価が上がったのだ」と理解し直すのであれば実に自然なこととなる。実のところ、「日経平均最高値」という現象の原因にはこうした「賃金分配率の低下」以外にも円安や低金利もあったが、本当はこれらも回りまわって

「実質賃下げ」をもたらす困った政策であるというのが重要である。

たとえば、慢性的な円安であるが、これによって輸入財価格が高騰し、物価高の大きな原因となっている。そして、名目賃金上昇率マイナス物価上昇率で計算される実質賃金上昇率が大幅に下がっている、かなり大きな理由は「円安」だ。

確かに2024年9月現在、円は140円台まで戻しているが、日銀の0・25%の利上げによる「円キャリートレード」の巻き戻しに過ぎず、本格的な調整とは言えない。また この程度の利上げによる株価の調整もまだ本格的なものではない。

さらに、日銀の、低金利政策も過去にはそれなりにあった庶民の金利所得をゼロにしてきただけではなく、地価の高騰を招くことで家計を圧迫している。この「ゼロ金利政策」がアベノミクス以来の経済原理無視の政策であることは新聞各紙でも言われているが、そうした異常な低金利であれば、それによって決まる地価もまた異常な高さということになる。本書では数理マルクス経済学の研究成果を基礎に、そのことを詳しく説明する。

要するに、現在の株価と地価は実体経済から乖離している、ということである。本書のタイトルに『バブル』との言葉を入れたのはそのためである。

私は本当に思うのであるが、どうしてここまで何から何まで、矛盾のすべてが労働者にしわ寄せされるのだろうか。あの政策は迷惑をかけるが、この政策は……というような形で、政策ごとに不利益をこうむる対象が違っているのではなく、すべてがすべて労働者に調整弁的役割が押しつけられている。こんなことだらけだから、若者は結婚できなくなっているのである。

本書が論考しなければならない問題は他にも及ぶ。アベノミクスによる過剰マネーの市中供給は、日銀による大量の国債買い入れを必然化し、それが引き起こしつつある巨額の財政赤字（GDPの2倍弱‼）は、将来の国民負担がどうなるものかと心配させる。国が財政破綻となった際の通常の解決策は大幅なインフレなので、政府はいずれハイパー・インフレを起こして、私たちの実質賃金をさらに下げるだろう。政府系の経済学者は「デフレ脱却」に一生懸命なので、ハイパー・インフレーションに歓喜するのだろうか。

また、深まる貧困は特に過疎地域の原発と軍事基地の立地を促進するので、原発危機や国際関係上の問題も引き起こす。本書第四章でも述べるが、能登半島地震の被害が東日本大震災ほどになっていない最大の要因は福島原発事故以来、能登半島の志賀原発が止まっていたからで、もし動いていたらどんなこととなったか分からない。もっと言うと、過去には今回の震源地の真上に原発を建設しようとしていた（「珠洲原発」計画）ということだから、そら恐ろしい。

なお、こうして日本の様々な危機を眺めてくると経済社会に関する全体的で深い洞察が求められることが分かるが、本書はそれをマルクス経済学の枠組みで行う。本書タイトルに『資本論』との言葉を入れたのはそのためである。

読者もご存じのとおり、マルクスもエンゲルスもその当初は「哲学学徒」であった。だが、現実の問題に目を向ければどうしても経済問題に焦点を当てざるを得ない。そして、そのために、まずはエンゲルスが、続いてマルクスが経済学の研究に邁進するようになり、出来上がった大著が『資本論』という経済書となった。言うまでもなく、ここで扱われたのは「搾取」という経済的事実であって、まさしく「貧困」の原因であった。

したがって、これらの趣旨から本書では第Ⅱ部で『資本論』が「貧困」の原因とした「搾取」を論じる。第Ⅰ部の現状分析を第Ⅲ部の社会変革論に向かわせる決定的な媒介項となっている。それでは以下、少しずつ論じていきたい。

第Ⅰ部

貧困がもたらす全国民的危機

第一章

迫りくる人口減の認識は決定的に不十分

†「人口ビジョン2100」の超楽観主義

ところで、人口問題への関心の高まりを受けて政府でも民間でも確かに「検討」が進み、2024年の1月には三村明夫日本製鉄名誉会長を議長とする民間の「人口戦略会議」が「人口ビジョン2100」という提言をまとめた。28名からなるこの会議メンバーには存じている人も入っているのでちょっと言いにくいが、資本主義の継続を前提にして人口減をストップできるとの提言は結果として百害あって一利なしと私には思える。

たとえば、「2100年に人口8000万人で定常化させる」との目標も現在のトレンドからすれば相当楽観的なものである。高い目標をどうやって実現するのかとポイントとなるところを読み探したが、「これは容易なことではないものの、総力をあげて少子化対策に取り組むならば、決して不可能ではないと考えます。」（報告書15ページ）との決意は書かれていても、並べられたすべての施策を完全に実施できるのかさえはっきりしない。

おそらくお茶の水女子大教授の永瀬伸子氏あたりが主張して若者の低賃金問題や子育てへの社会的支援についての議論もなされたと見えるが、「人口を定常化する」ために絶対に不可欠な合計特殊出生率（人口置換水準）たる2・07の回復のために提言される個々の施策が、それぞれどの程度効果を発揮するかの数字も示されていない。

そもそも、36ページにもわたるこの報告書に「合計特殊出生率」はたったの1度しか登場しない。7度登場する「人口置換水準」との言葉も、ただそれが2・07まで戻らないと定常化しえないと書かれているだけで、2023年に1・20にまで低下した合計特殊出生率を2040年に1・6に、2050年に1・8程度に上げた上で、2060年に2・07にするのだと言われても、「絵にかいた餅」でしかない。読んだ人は誰もが、あまりにうまい話としか思えないのではないだろうか。

†甘すぎる空論は「大衆のアヘン」

というより、この報告書には他の問題もあって、それはこうして最も重視されるべき合計特殊出生率の2・07への回復を意味する「定常化戦略」に加えて「強靭化戦略」というものが合わせ提起され、「人口ビジョン」といっても実際にはかなりな程度に「成長戦略」的な方向に引っ張られている、ということである。たとえば、「定常化戦略」の個々の政策が合計特殊出生率にどの程度の効果があるのかを示せないままに、経済成長率への効果だけはいやに具体的である。2050―2100年の成長率は、

・定常化戦略も強靭化戦略も実現できた場合……0・9％
・強靭化戦略が実現できても定常化戦略が実現できない場合……0％
・定常化戦略が実現できても強靭化戦略が実現できない場合……マイナス成長

になると書かれている。これはどう見ても、人口政策である「定常化戦略」より成長戦略である「強靭化戦略」の方が重要だという主張であって、何のことはない……と思ってしまうのである。

ここでの「強靭化戦略」なるものも、何の具体的内容もなく、ただ労働生産性を1％上乗せするという机上の空論でしかないが、半分が財界人で占められる戦略会議であればこうならざるを得ないのだろうか。労働組合の代表もひとり入っているが、ＪＡＭという連

合系労組では「労働者の立場」をほとんど主張できなかったということだろうか。言うまでもないことだが、人口も維持できずに経済成長などできるわけがない、人口減を止めることこそ先決だというのが本書の立場である。

このように、この提言はほとんどまともな根拠もなく「2100年に日本人口は8000万人で定常化する」と述べているものにすぎないので、これが実際に世に及ぼすものは、悪影響しかない。マルクスは資本主義の辛い現実が引き起こす苦悩を和らげる「宗教」を「大衆のアヘン」だと批判したが、それと同じ意味で、これから来る危機の深刻さを感じさせない「人口ビジョン2100」もまた「大衆のアヘン」と呼ばざるを得ない。斎藤幸平氏がSDGsを「大衆のアヘン」と呼んだのと同じ意味においても、である。

†世紀末予測8000万人はどれほど甘いか

しかし、それでは、人口戦略会議が世紀末にそこで定常化すると述べる8000万人という数字はどういう経過で選ばれたのだろうか。私は委員会メンバーではないのでもちろん明確には言い切れないのだが、国立社会保障・人口問題研究所が2023年に再推計した「日本の将来推計人口」で最大8070万人と弾いたことを根拠にしているのではない

表1-1　死亡率と出生に関する異なる仮定が導く2100年の人口予測（単位：万人）

		死亡率の仮定		
		高位	中位	低位
出生に関する仮定	低位	4,956	5,104	5,253
	中位	6,126	6,278	6,431
	高位	7,751	7,911	8,070

国立社会保障・人口問題研究所「日本の将来推計人口（令和5年［2023］推計）結果の概要」当研究所ホームページより作成

かとにらんでいる。この研究所の半分は「人口問題」に特化して研究を行っており、したがってこの推計も膨大な労力をつぎ込んでの成果である。だから、いったん、この計算結果を信用したい。

だが、この研究所がこの結果を出すには相当強い仮定が必要だったことを、まずは読者に示さなければならない。そのために、表1－1をご覧いただきたい。出生を高位に、死亡率を低位とする、最大限に楽観的な想定をして初めてこの8070万人という数字が出てくるのである。言い換えると、出生を低位に、死亡率を高位に仮定した場合の4956万人と同じ確率でしか8070万人が実現しないというものである。

さらに、「日本の将来推計人口」の8070万人という数字には相当に極端な仮定が隠されている。たとえば、男性81・58歳、女性87・72歳という平均寿命（2020

年現在）が、２０７０年には、それぞれ87・22歳、93・27歳になるという想定だ。そして、合計特殊出生率は２０７０年には１・64まで戻せると仮定されたことも示される。下がる一方の合計特殊出生率（２０２２年は１・26）を、どのようにして１・64に上昇させるのかは不明である。

しかし実は、「人口ビジョン２１００」は、この国立社会保障・人口問題研究所の楽観的な想定さえ大きく越えている。２０４０年に１・６、２０５０年に１・８、２０６０年にはなんと２・０７に上昇するとしている。楽観論のさらに上を行く大幅な楽天主義となっているが、これこそ「今世紀末に８０００万人で定常化させる」とこじつけるために必要な数字なのである。このことを見ても「８０００万人での定常化」が現在のような対策ではとても実現できないことを示している。

ただし、今世紀末にも減少傾向が続くとする国立社会保障・人口問題研究所の予測も信頼できない。たとえば、「中位予測」では合計特殊出生率が１・36まで上昇するとしているが、その根拠としてこの報告書に上げられている主な仮定は次のようなものである。

（１）平均初婚年齢の上昇は２００５年生まれの世代で止まり、その後は変わらない。
（２）50歳時未婚者割合の低下も２００５年生まれの世代で止まり、その後は変わらない。

（3）結婚したカップルの出生力の低下も2005年生まれの世代で止まり、その後は変わらない。

（4）出生率に対する離婚や死別、再婚の効果も2005年生まれの世代で止まり、その後は変わらない。

簡単に言えば、しばらくは少子化のトレンドが続くものの、2005年に生まれた現在20歳弱の世代以降の悪化は食い止められる、との想定である。そうなればもちろん嬉しいのだが、根拠の薄い仮定に依存した甘い予想とやはり言わざるを得ない。

ついでに言うと、この研究所のこうした予測の甘さは昔からのもので、過去の彼らの予測がどれほど間違っていたかは簡単に確認することができる。たとえば、1997年に彼らが「中位の仮定」として想定した2023年の合計特殊出生率は1・60だった。1・20という現実をまったく予測できていなかったことがわかる。また、2023年の出生数を98万5000人と予測したが、現実には73万人弱だった。さらに言うと、「低位推計」としてはじき出されていた数字も合計特殊出生率は1・38、出生数は84万6000人だった。「少なくともこれくらいの人口にはなる」とされていた数字を、現実はさらに大幅に下回っていたわけであるから、彼らの予測が如何に甘かったのか、ということになる。

†日本人口は100年後3900万人に

であるから、私たちは彼らの甘い予測で将来の厳しさを過小評価するわけにはいかない。そのため、ここでは少し別の方法で計算した私なりの人口予測の結果を示したいと思う。もちろん、国立社会保障・人口問題研究所のような大規模な調査はできないので、主に出生数の予測のみに依存して行う計算である。この方法を提案する理由は、外国人を除く限り、X歳の日本人はX年前に生まれた人数を上回ることが決してないということ、そして、その人口は基本的に、100歳まで生きるわけではないと想定されることにある。もちろん100歳を超えて生きる人はいるが、総体として100歳まで生きるわけではない。

だからこの予測では、たとえば、2021年を起点に今後100年間、すべての出生児が必ず100歳で死ぬと仮定すると、2121年の100歳の人口は2021年に実際に生まれた81・3万人となる。また、99歳は76・6万人、98歳は72・7万人となるが、2024年に生まれた人数から先は国立社会保障・人口問題研究所の「将来推計人口」を利用することとする。ただ、この予測は2070年で終わっているので、それ以降は2021

グラフ１　日本人の総出生数の推移予測
（国立社会保障・人口問題研究所予測とその後の外挿予測値、単位：千人）

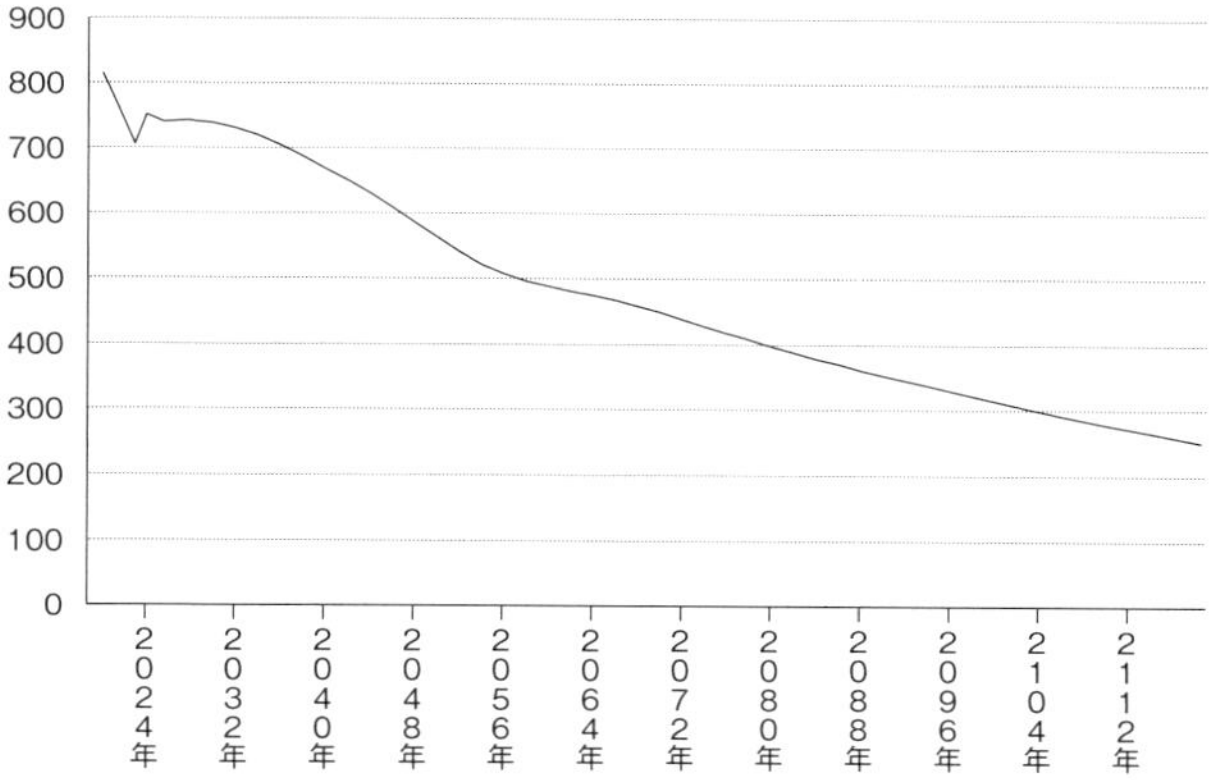

日本人の総出生数の推移予測（国立社会保障・人口問題研究所予測とその後の外挿予測値）より作成

年から２０７０年までの平均減少率で、残りの50年を「外挿予測」する。

　その結果を示すのがグラフ１である。２０７０年までのグラフ中央より左の部分が（２０２１―２０２３年の実績値を除くと）「将来推計人口」の予測値で、それ以降が平均減少率を用いた外挿予想値である。こうすると、グラフ１の線の下にある総面積（積分値）が２１２０年の日本人の総人口であると試算できるのである。果たしてその結果は４７７３万人となった。

　実のところ、この計算結果は国立社会保障・人口問題研究所が前述の報告者で示している2120年の中位推計（「長期参考推計」）4973万人とほぼ同じである。ただ、以上に説明したように私の推計は誰もが100歳まで生きるという最も楽観的な予測であるから、その数字が彼らの「中位推計」となっているというのは、彼らの予測がやはり甘すぎることを示している。

もちろん、こうした予測の違いはこの「外挿」部分の想定に大きく依存する。その部分の彼らの仮定は2070年以降の出生率、出生性比、生存率、国際人口移動率が一定というものであるが、この内、最も重要な部分は出生率が変化しないという仮定である。もちろん、私が提案しているような大規模な社会変革が起きればそうなるだろうが、そうでない限り、無理な相談だということを期せずして示していることになる。

であるから、私の予測ももう少しだけ精緻化してみよう。具体的には、皆が皆、100歳まで生きるというあまりに楽観的な仮定を放棄して、国立社会保障・人口問題研究所が2070年の平均寿命として性別に示した85・89歳と91・94歳の中央値（88・915≒89歳）まで皆が生きて死ぬという仮定への変更である。そして、その結果として計算された値は3872万人となったのである。この結果は4000万人を割り込み、国立社会保障・人口問題研究所の「長期参考推計」4973万人をおよそ1100万人下回っている。

ちなみに、この人口は現在のフィリピンの3分の1、ベトナムの約4割、タイの半分である。そのころでも、一人当たりGDPは日本のほうがまだ高いだろうが、フィリピンの3倍、タイの倍を維持できていなければトータルなGDPでは逆転されることになる。ドイツに負けたとか、もうすぐインドに負けそうとか言っている場合ではないのである。

†人口予測が甘くなる理由

以上のような計算をして改めて思うことは、あまりに暗い予測を国立社会保障・人口問題研究所が避けようとしたのではないか、ということである。2023年の予測を2017年のそれより上方に修正させたというようなことはその典型である。また、2005年生まれの世代から平均初婚年齢や未婚者割合、出生力などの悪化が進行しなくなるとの想定や2070年以降の「長期参考推計」での出生率、出生性比、生存率、国際人口移動率のすべてが一定となるとの想定も極めて恣意的である。余程のことをしなければ合計特殊出生率が1を割ってしまっている韓国のようなことになりかねないと、私は逆に考えてしまうのである。

確かに、100年後に4000万人を切るとの予想はあまりにショックなものである。100年で人口が3分の1となるというもので、それがさらに100年続けば200年後には1000万人台となり、さらに100年が続くと500万人を切る。それはないだろうと思いたいのは分かるが、少なくともそのテンポで事態が進行していることを知っておく必要があると私は考える。

また、この計算をして思い出した言葉に「ネズミ算」というものがある。ネズミの出生行動を例に、幾何級数的にどんどん増えることを表現した言葉であるが、よくよく考えるとここで私が計算しているのはマイナスの方向への「ネズミ算」である。増大の方向で人口が動けばプラスの「ネズミ算」となるが、もし減少の方向で人口が動き出すと、指数関数的減衰となってしまうのである。言い換えると、本当に重要なのは、100年後の人口をどう予測するかではなく、減少傾向を止められないとどういうことが起きるか、ということなのである。

ただ、こういうタイプの刺激的な警告をすると、その警告者はいつも「オオカミ少年」扱いされるというのが世の常である。「オオカミが来るぞ来るぞ」と人びとを不要に煽り立てる人物だ、というわけだが、そうした警鐘の欠如こそが問題だったことも過去にはあったと思う。たとえば、日米開戦前に開戦で何が起きるかにもっと警鐘が鳴らされなければならなかっただろうし、1980年代末の狂乱バブルの際にはその帰結がどうなるか、もっと早く知らされるべきだったと多くの人は考えているのではないだろうか。

今回、私たちが直面しているこの人口問題もそうした種類の問題と私は考えている。

†ほぼすべての先進資本主義国で起きている人口減

そうは言っても誤解してはならないのは、この「人口減」は日本だけが経験しているものではないこと、イスラエルを除くすべての先進国が経験しているということである。このことを示すために表1-2を見ていただければと思うが、ここでは次の2つの点を付記しておかなければならない。

そのひとつは、1961年以来、ほぼ「合計特殊出生率3」を維持してきたイスラエルの他、もうひとつ「合計特殊出生率2」を上回っていたメキシコが、2021年には「1・82」と「2」を下回ったことである。

ちなみに、イスラエルだけが突出しているのにはやはり例外的な理由がある。それは国内に「合計特殊出生率6」を超える集団を抱えていて、就職もせず兵役も免除されるよう

1991	1996	2001	2006	2011	2016	2021
1.85	1.80	1.73	1.88	1.92	1.79	1.70
1.51	1.45	1.33	1.41	1.43	1.53	1.48
1.66	1.59	1.67	1.80	1.81	1.68	1.60
1.72	1.63	1.54	1.63	1.63	1.59	1.43
1.86	1.19	1.15	1.33	1.43	1.63	1.83
1.68	1.75	1.75	1.85	1.75	1.79	1.72
1.80	1.76	1.73	1.84	1.83	1.57	1.46
1.77	1.73	1.88	1.98	2.00	1.89	1.80
1.33	1.32	1.35	1.33	1.39	1.59	1.58
1.86	1.46	1.31	1.35	1.24	1.49	1.59
2.19	2.12	1.95	2.07	2.02	1.75	1.82
2.09	1.89	1.96	1.94	2.03	1.82	1.72
2.91	2.94	2.89	2.88	3.00	3.11	3.00
1.33	1.22	1.25	1.37	1.42	1.36	1.25
1.53	1.43	1.33	1.32	1.39	1.44	1.30
1.71	1.57	1.31	1.13	1.24	1.17	0.81
3.37	2.95	2.67	2.46	2.32	2.09	1.82
1.61	1.53	1.71	1.72	1.76	1.66	1.62
2.09	1.96	1.97	2.01	2.09	1.87	1.64
1.92	1.89	1.78	1.90	1.88	1.71	1.55
1.98	1.53	1.32	1.27	1.30	1.36	1.33
1.56	1.44	1.46	1.38	1.35	1.36	1.35
2.05	1.47	1.20	1.24	1.45	1.48	1.63
1.42	1.28	1.21	1.31	1.56	1.58	1.64
1.33	1.16	1.24	1.36	1.34	1.34	1.19
2.12	1.61	1.57	1.85	1.90	1.85	1.67
1.58	1.50	1.38	1.44	1.52	1.54	1.51
1.82	1.73	1.63	1.82	1.91	1.79	1.53
2.06	1.98	2.03	2.11	1.89	1.82	1.66

表1-2　イスラエルを除く先進国はすべて人口置換水準を割るようになった

	1961	1966	1971	1976	1981	1986
オーストラリア	3.55	2.89	2.95	2.06	1.94	1.87
オーストリア	2.78	2.66	2.20	1.69	1.67	1.45
ベルギー	2.63	2.52	2.21	1.73	1.66	1.54
カナダ	3.84	2.81	2.19	1.76	1.65	1.59
チェコ	2.13	2.01	1.98	2.36	2.02	1.94
デンマーク	2.55	2.62	2.04	1.75	1.44	1.48
フィンランド	2.65	2.40	1.70	1.72	1.65	1.60
フランス	2.82	2.80	2.50	1.83	1.95	1.83
ドイツ	2.44	2.51	1.97	1.51	1.53	1.41
ハンガリー	1.94	1.88	1.92	2.26	1.88	1.83
アイスランド	3.88	3.58	2.92	2.52	2.33	1.93
アイルランド	3.79	3.95	3.98	3.31	3.07	2.44
イスラエル	3.80	3.89	3.94	3.70	3.06	3.09
イタリア	2.41	2.63	2.41	2.11	1.60	1.37
日本	1.96	1.58	2.16	1.85	1.74	1.72
韓国	5.80	4.80	4.54	3.00	2.57	1.58
メキシコ	6.76	6.77	6.79	5.86	4.64	3.90
オランダ	3.22	2.90	2.36	1.63	1.56	1.55
ニュージーランド	4.31	3.41	3.18	2.27	2.01	1.96
ノルウェー	2.94	2.90	2.49	1.86	1.70	1.71
ポーランド	2.83	2.34	2.25	2.30	2.24	2.22
ポルトガル	3.16	3.12	2.78	2.58	2.13	1.66
スロヴァキア	2.96	2.67	2.43	2.52	2.28	2.20
スロヴェニア	2.26	2.48	2.16	2.17	1.96	1.65
スペイン	2.76	2.99	2.88	2.80	2.04	1.56
スウェーデン	2.23	2.36	1.96	1.68	1.63	1.79
スイス	2.53	2.52	2.04	1.55	1.55	1.53
イギリス	2.80	2.79	2.40	1.74	1.82	1.78
アメリカ	3.62	2.72	2.27	1.74	1.81	1.84

Data extracted on 14 May 2024 06: 54 UTC (GMT) from OECD. Stat より作成

な特殊な便宜を与えているからだと言われている。

イスラエルによるガザへのジェノサイド的攻撃を見ると、彼らは「イスラエル国内」におけるパレスチナ人の人口を減らすとともに自らの人口を増やすのに一生懸命なようだが、そうした特殊状況が産んだ特殊な出生率だと理解することができる。この特殊な集団は、宗教的な意味で「超正統派」とされている。ただし、ユダヤ教超正統派を特殊扱いする社会的配慮自体は注目に値する。それは、子育てを個々の家庭の私的負担だけでまかなわせようとすると、人口の再生産ができないということを、イスラエルは認識しているからである。イスラエルのガザでの蛮行は許しがたいものであるが、人口問題を考えるという上では、読者にも知っておいてもらいたいことである。

他方、表1‐2で出生率が低い値を示している諸国に注目すると、最も低いのが韓国で2021年には「合計特殊出生率0・81」まで下がっているということ、イタリアの「1・25」の次に日本が（この時点で）「1・30」となっているということ、OECD加盟でないので表1‐2には載っていない（OECDデータベースの原表には載っている）が、中国もまた2021年に「1・16」という極端に低い値となっているということである。

中国の場合、やはり社会保障の遅れと、子育てを祖父母世代に依存してきたことが原因である。つまり、子育ては個人の問題として処理されているのである。現代においては、どこの国であっても個々の家庭の私的負担だけで子育てをまかなわせるシステムは、一世代は可能でも二世代となると無理なのである。

なお、韓国、日本、中国の少子化問題を「東アジア儒教圏の少子化」として議論するやり方にもコメントしておきたい。儒教の男尊女卑のジェンダー差別が少子化を誘発するのだという議論である。実を言うと、前著『「人口ゼロ」の資本論』の趣旨で大いに意見が一致した白井聡氏も「ニッポンの正体」というネット番組の対談で、同趣旨のことを述べておられた。

ただし、私は儒教の影響は、ジェンダー差別以上に「教育重視」の側面の方が重要ではないかと考えている。たとえば中国の場合、「一人っ子政策」が解除されても人口増とならないのは、その政策によって一気に大学進学率が上がったことが考えられる。平均的家庭からすれば、現在の所得で2人の子供の教育費はまかなえないのである。

他方、日本以上に新自由主義国である韓国の教育熱は中国よりさらに進んでいて、私の知り合いなどは家計所得の半分以上を子供の教育費につぎ込んでいた。それなしに将来を見通せない資本主義の厳しさの結果である。また、日本の場合も、高学費を人々が進んで払うこととなった背景として、儒教的な教育重視の思想を無視することはできない。いまでこそ急務となっている高等教育の無償化が政治課題になかなかならなかったのには、そうした事情があったと私は考えている。

表1-2について、最後にコメントしておきたいのは、1990年代半ばからの十数年間に、多くの国々の合計特殊出生率が上方に反転していたことである。その理由に、ヨーロッパ諸国の「少子化対策」の充実がある。『「人口ゼロ」の資本論』でも述べたが、少子化対策の結果、フランスでは一時「合計特殊出生率2・00」まで回復しており、適切な対策は、一定程度の効果を発揮することを知っておくことも重要である。

フランスで効果を上げた対策としては、子供が大学院生になるまで、高額の「子供手当て」を支給するというものがあり、子供手当の手厚さによって最大0・3程度の特殊出生率の改善が可能となるということである。

子育てのコストを個人まかせにせず、社会全体で担う。そういう思想を、私は「(子育てを) 社会化した社会」と理解し、Socialized Society=Socialism と定義している。

†貧乏人は子を生むなという「異次元の少子化対策」

といっても、子育ての社会化によっても、合計特殊出生率が人口置換水準たる2・07まで戻らないということは、それでもなお欠けている重要な「施策」があることを意味している。それはやはり、現在のどの国でも残存している貧困であると考えざるを得ない。日本の場合はそれがもっとも明確で、いまや男性では4人に1人以上が未婚のまま生涯を終えるようになっていて、その主な原因が非正規労働への従事などによる貧困（結婚・出産に必要な所得の欠如）となっている。

たとえば、いま、もしこの数字が3分の1まで上がると仮定しよう。そうすると人口の2／3の部分が平均して3人の子供を育てなければ社会全体が平均して2人の子供を育てることにはならないが、そのためには、この3分の2の人々のうち、たとえばその多くが子供3人を育てるにしても、一部が2人しか育てなかった場合、同率の人々がそれを補うべく子供4人を育てる必要がある。これは実際不可能である。

だから、ここで必要なのは、やはり全人口の4分の1や3分の1という層をおいてきぼりにしたままで社会が平均して合計特殊出生率を2・07まで戻せない、ということである。つまり、「貧困の撲滅」、言い換えれば「完全なる平等化」がどうしても必要なのであって、それを「平等社会」という「共産主義」と、私は『「人口ゼロ」の資本論』で呼んだ。

今は人生選択が多様化しているから、そもそも結婚を望まない人やLGBTQの方もおられる。そうした人たちが自由に自分の人生を選択されるのは当然であるから、社会はそれをカバーしてなお合計特殊出生率2・07まで戻さなければならないということである。繰り返しになるが、本書が日本の特殊性に限られた問題としてではなく、「資本主義の問題」としてこの問題を提起している理由はここにある。

ただし、こうであればあるほど、「人口ビジョン2100」も、岸田首相の「異次元の少子化対策」も不十分極まりないものであることがわかる。たとえば、政府が2025年度から「第3子以降の子供の高等教育の無償化」を計ろうとし出しているが、これは子供を持てる家庭、また3人の子供と一緒に住める程度の家に住んでいる家庭に対する補助金でしかなく、出生数減の最大の原因である貧困層にはまったく目が向いていない。

あるいは、もし、このための財源が消費税など全国民への一律の増税でまかなわれるのであれば（一応それはしないとされているが）、貧困層の生活難はさらに進むので少子化を

表1-3　主たる家計支持者年収別の児童手当増額＋扶養控除廃止による収入増の推計

主たる家計支持者の年収	300万円	500万円	700万円	1000万円	1300万円
子供1人の場合	20.4万円	14.7万円	3.3万円	117.3万円	203.3万円
子供3人（2歳差）の場合	349.6万円	337.2万円	314.1万円	693.9万円	965.1万円

星野卓也（2023）「児童手当拡充と扶養控除廃止の家計影響試算―改正による出生から高校卒業までの通算影響」『Economic Trends』第一生命研究所星野研究員の試算.pdfより作成

加速することにしかならない。だから、この政策は要するに「貧乏人は結婚できず、子供を産まなくてもよい。他でカバーしますから」と言っていることになるのである。

†自民党による「高所得者へのバラマキ」

この点をもう少し詳細に検討するには政府が2023年6月に発表した「こども未来戦略方針」に沿った具体的な影響の試算が役に立つ。第一生命経済研究所経済調査部主任エコノミストの星野卓也氏が試算をしているので紹介するが、ここでのポイントはこの「こども未来戦略方針」が「財源は消費税増税でまかなわない」としている一方で16―18歳の子供の扶養控除の廃止・縮小を念頭に置いたとみられる記述があることである。そのため、児童手当の拡充とともに扶養控除が廃止されたとした場合の試算がなされていて、それは表1‐3に示されている。なお、ここでは夫婦ともに103万円を超える収入がある世帯を想定して計算されている。

そこで、その試算結果を見ると驚くべきことに主たる家計支持者の年収が700万円程度の中間層への効果が最も小さく「子供1人」であればほとんど何の効果もないこと、その一方で1300万円層が子供を3人持った場合の効果が1000万円近くにもなること（！）が分かる。ここでの「バラマキ」の対象とは何のことはない自民党の支持基盤たる高所得者でしかないのである。

自民党はやはり自民党で、綺麗な文言で打ち出す新しい政策パッケージに自分の支持層の利益をちゃんと挟み込んでいるのである。そして、その結果、子供をあまり作れない底辺層よりさらに低い所得層、つまり結婚も子育てもできないような世帯に対しては何の措置もされない。つまり、そうした人々への効果はもともとゼロだということである。

このように言うと、ここで想定されている児童手当の増額支給が所得の多寡にかかわりなくなされていることが不平等の原因だということで、「やはり制限なしではいけない」「所得制限を導入すべし」と多くの方が思われると思う。そして、それには当然、ここで見たように根拠があるのであるが、「親世代」に注目するのでなく「子供世代」に注目するならばこの原案にあるような「所得制限なし」がやはり良いと私は考えている。問題は「子供にとっての平等」で、親が多少裕福でも3人目の子供にはお金をかけられないという世帯も想定されるからである。

実際、親が裕福であっても、子供世代が奨学金という名の借金を何百万円も抱えていれば、その子供が将来、家庭を持ち、子供を作るということにはならない。実のところ、そうした大学院生を私はたくさん知っていて、彼らのことが心配でならない。であるから、ここで求められる「平等化」は、結婚して子供を作る余裕のないような層を将来にわたってなくすことでなければならない。文部科学省が2021年に調べた結果によると、いまや子供1人が大学を卒業するまでにかかる平均的な教育費は、すべて公立で774万円、すべて私立だと2228万円となっているからである（文部科学省「子供の学習費調査」）。

もちろん、ここでの最も重要な論点は将来世代だけでなく、現在世代、特に結婚・出産に関わる世代の平等化である。だから、その意味で政府与党のこのような政策がまったくもってポイントをはずしていると言わざるを得ない。岸田政権の「少子化対策」程度のものでは日本の少子化＝人口減はとても解消できない。「貧困をなくす」というもっと根本的な社会システムの転換こそが求められているのである。

†大学と地方は大幅に消える運命か？

以上に述べたようなことで、現実の人口問題は深刻さを増すばかりか、政府・社会の認識もまったく状況にあっていない。そして、事態を正確に知る、ないし予測できる人々のあせりは尋常ではなくなっている。たとえば、本書まえがきで述べたように、いまから100年後、2120年に日本人口が3900万人となった時、どれだけの大学が生き残れるのであろうか？　現在の大学の1学年あたり学生数はそれぞれ約75万人であり、短大、高専はそれぞれ3万人と1万人である。出生数が25万人程度となると、現在の4年制大学1学年の3分の1にしかならない。大学に進学しない人の存在も考えると、生き残れる高等教育機関がどれほどあるか、といった問題が現実味をもって迫ってくる。

たとえば、私が現在も非常勤で授業を担当している慶應義塾大学は1、2年に1度のペースで新たな校舎を建設している。将来の学生数を計算しているのかと疑ってしまうのだ。教育機関はまさに「若者」にサービスを提供しているので、少子化の影響はもっとも早く受ける産業である。であるから、そうした「業界」はもっと自覚をもって、この少子化＝人口減の問題について社会的発言をすべきではないか、と思うのである。

さらにまた、現在の少子化対策が、もっとも手厚くされるべき「貧困にある若者」を放置しているので、そう遠くない未来に、大学進学率も頭打ちになりかねない。であるから、人口減の影響を最も強く受ける大学は、この問題を最も真剣に考えるべき業界ではないかと私には思えるのである。

加えて、人口減によって経済の衰退と崩壊が加速度を増している地方の自治体や地方財界の切迫感の不足も問題である。お年寄りが元気なのはおおいに結構だが、「元気なわが郷土」などとのんきに言っていられる状況ではない。

国立社会保障・人口問題研究所が２０２３年12月に発表した同年推計の「日本の地域別将来推計人口」によると、２０２０年から２０５０年までのわずか30年の間に、人口が秋田県では58・４％に、青森県では61・０％に、山形県では66・６％まで縮むのだという。また、市区町村のレベルでは、同じ30年間に、人口が半減以下にまでなってしまう自治体が約２割に達するとされている。人口の過半が65歳以上となる自治体が３割超、人口の３割以上が75歳以上となる自治体も４割を超えると推計されている。

†声が小さい地方自治体、大学業界

たとえば、最も厳しい状況に見舞われつつある秋田県の商工会議所が、そのホームページで公開している「秋田県への要望」の項目に次のような内容が掲げられている。

①ウィズコロナにおける経営支援策・地域振興策
②中小企業振興施策の推進
③地域の産業を担う人材の確保
④観光誘客の推進
⑤洋上風力発電産業の拠点形成に向けた取り組み強化
⑥必要な公共事業予算の安定的・持続的な確保
⑦2022年度日本商工会議所青年部全国大会美の国あきた大会への支援
⑧商工団体組織活動強化費補助金の安定的・継続的な予算措置
⑨県内高速交通ネットワークの整備促進

ここでは③に「人材確保」があっても、そこで書かれているのは県内人口が流出しないための措置や外国人労働者の確保であって、根本的な原因としての、そもそもの人口減や

「少子化」にはまったく目が向いていない。それらの措置と、産業振興だけで何とかなると考えているのであろうか。ＪＲの各駅に貼られている東北各県の観光ポスターを見るたびに、私はいつも物足りなさを感じている。

もちろん、そんな根本的な問題は県に要望してもどうにもならない、との考えにも一理がある。だが、そうならそうで全国の商工会議所や経団連などを動かすという発想も必要ではないだろうか。何せ、この問題でもっとも厳しい状況におかれるのが秋田県なのだから、秋田県商工会議所が言わずにどうするのか、といったぐらいの気概が必要ではないかと私は思うのである。

ちなみに、これと同じ問題は「大学業界」についても言える。縮まるマーケットの中でどう生き残るかのみに関心が向き、ただ成功した事例に学ぼうとしているだけである。手厚い子供支援策で合計特殊出生率２・９５を達成した岡山県奈義町が、成功事例としてメディアなどで大きく取り上げられるのも根本的な問題から注意を逸らすだけに見える。

大学業界にも地方にも、自分たちが社会から大規模なサポートを受けることへの後ろめたさがあるのかもしれない。両者とも本当は質的ないし量的な「人材の供給源」として非常に重要な役割を果たしてきたのだが、それを声高に言えないのは、やはり「人材」というか生産要素としての「ヒト」の軽視が、日本社会に根付いてしまっているからではないだろうか。

なおもちろん、人口減による大きな経済分野への打撃は、大学や地方に限らない。運輸業界や建設業界、医療業界やその他サービス業などでも、人口減による人材難は深刻である。自動運転化を進めている運輸業も長距離輸送の完全自動化はまだ不可能だろうし、航空業界のパイロットやキャビン・アテンダントという人材もやはり減らせないだろう。したがって、人口減の打撃をより強く被るこうした分野の業界くらいは、まずは率先してそのトレンドを逆転させるべく活動する必要があるのではないだろうか。ここではそういう問題提起もさせていただきたい。

第二章

貧困化と株価・地価バブルの同時存在

†焼け石に水の賃上げ

本書が問題とする「経済問題」はこまごまとした諸政策のものではなく、国のあり方を根本的に規定するような、そんな大きな構造上の課題である。その意味では、これだけぼろぼろになった日本経済でなぜ平均株価が最高値を記録するのか、といった問題も扱わないわけにはいかない。衰退経済の下での「人口減」自体は不思議ではなくとも、経済停滞下の株高は不思議というか「異常」である。

実際、「30年ぶりの賃上げを実現」とされる2023年春闘でも、それで上がったのは1・2％にすぎず（毎月勤労統計調査）、3・8％の消費者物価上昇率（持家の帰属家賃を除く）を引くと実質賃金は2・6％のマイナスとなった。アベノミクス以来、デフレ脱却が叫ばれてきたが、そこで目指されたインフレとは、結局こういうことだったのである。賃金を多少上げても、実は物価上昇によって賃上げ以上を企業に献上するものだったと言える。もちろん、インフレには円安要因もあり、すべてがすべて物価上昇の利益が企業に吸い取られたわけではないが、ここまで労働者の貧困化が進む状況下で、日本企業はまだ労働分配率を下げにかかっているのである。

日本の大企業の2023年の経営は順風満帆で、24年2月17日付の『日本経済新聞』は「上場企業、3期連続最高益」というトップ記事であった。記事では、この現象を「企業の稼ぐ力が強くなっている」と表現したが、何のことはない、記事をよく読むと「値上げの浸透、経済再開に伴う人流の回復、円安の進行」を「好業績の背景」としていて、企業努力とほとんど関係がない。賃上げ以上に値上げをしたら利益が上がるのは当然で、要するに労働者にしわ寄せがいっているにすぎないのである。

†賃金よりも配当へ

実を言うと、記事で最後に上げられた「背景」としての円安もかなりな程度に政府の意図によるもので、それが「好業績の背景」と書かれているのは日本の大企業大手が主に輸出企業であるということと関わっている。

アメリカ大企業の中心に（GAFAMなどのIT系企業とともに）軍需企業＝軍産複合体があるとすれば、中東やロシアの中心は石油関連企業、香港の中心は金融不動産業となり、日本の中心は自動車・電機の輸出企業である。そして、これら輸出企業は円安の結果、海外で、ドル建てで売った商品の円への両替で大儲けができるようになっている。

たとえば、トヨタ自動車はアベノミクス初期の80円／ドルから120円／ドルへの円安によって利益を2・5倍に増やした。この効果だけで5000億円前後だった利益が2兆5000億円程度に膨らんだ。また、その後のさらなる円安で2024年3月期決算の営業利益は何と5兆円にまで膨らんだとの報道があった。まさにこれが政府による異常な円安誘導の目的だったわけだが、国民はこれによって大きな損失を被ることになる。このことは本章後段でまた説明する。

ともかく、こうして企業利益が拡大される中、株高も進行するが、この株高にはさらにもうひとつの秘密がある。それは、全般的な業績不振の下でも形だけは良くしたいとの「人為的な株価操作」で、具体的には利益のうちのより多くの部分を配当に回したり、「自

グラフ2-1　上場企業の自社株購入額

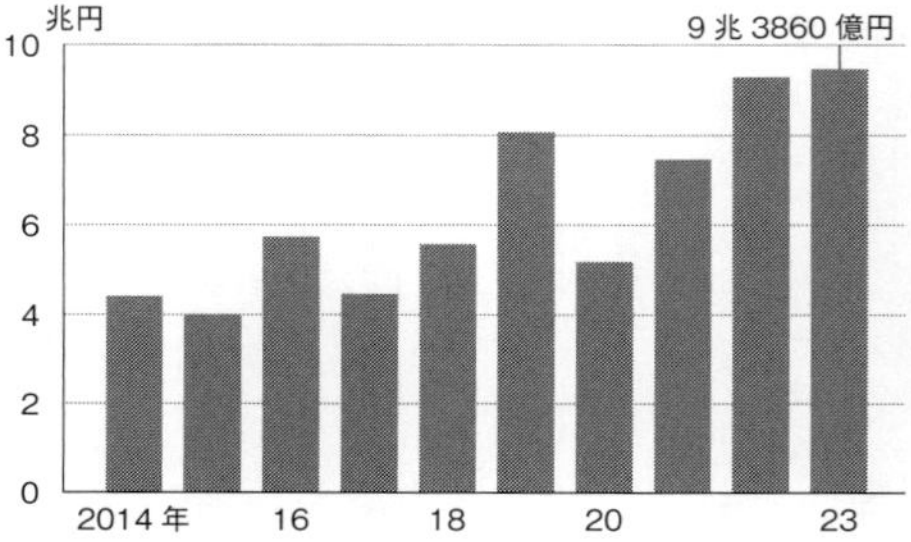

時事ドットコムニュース「自社株買い、過去最高9.3兆円＝23年、株価上昇一因に」（2024年1月11日）より作成

社株買い」というウルトラCを活用したりしている。これらはすべて「サラリーマン社長」「サラリーマン役員」となった人たちが、株の上下で経営の良し悪しを判断される中、市場でより買われやすい株にするために利潤分配を高めたものと理解できる。設備投資や、もちろん労働分配ではない。ただ株主にのみ褒められる会社にしようとする利益分配の在り方である。その結果、下がり続ける実質賃金と株高が連動するという異常が形成されてしまっている。

　ちなみに、「自社株買い」は、その分だけ発行株数が減るので1株当たりの利益率が上昇し、よって株高になるよう意図したものである。これも「株」という形の「借金」を減らすことを労働者への分配より重視した帰結である。何のことはない、企業活動の成果を労働者に分配してはならない、株主にこそ分配するのだというまったくの「資本の論理」が貫かれた結果であることがわかる。

たとえば、この自社株買いを行った上場企業の購入総額はグラフ2－1のような長期の上昇をしていて、2023年度であればその最大企業はトヨタ自動車、次はNTTドコモ、その次は日本電信電話（NTT）だったが、何とその3社で自社株買い全体の9分の1を占めた。その他の上場企業では、2014年に456社だった自社株買いが、その後増え続けて22年、23年にはそれぞれ989社、1009社となっている。自社株買いが、日本企業全体に浸透していることがわかる。

しかし、この異常を異常として正確に認識しておくためにも、過去にはそうでなかったことを示しておく必要もあろう。

†過去には株価と賃金は連動していた

第1次石油ショック後の約50年間を振り返るグラフ2－2を作成してみた。グラフ2－2は、2024年の日経平均に7月期の値をとり、実質賃金を1—3月期の変化率で延長しているが、アベノミクス以来の「現在」と1980年代末のバブル期を除けばさすがに株価と賃金は連動していたことからも、現在の異常さがよくわかる。

景気が良いと賃金も株価も上がる。さすがに過去にはそうだったのである。

グラフ2-2　バブル期、株価・賃金の連動期と現在の相反期

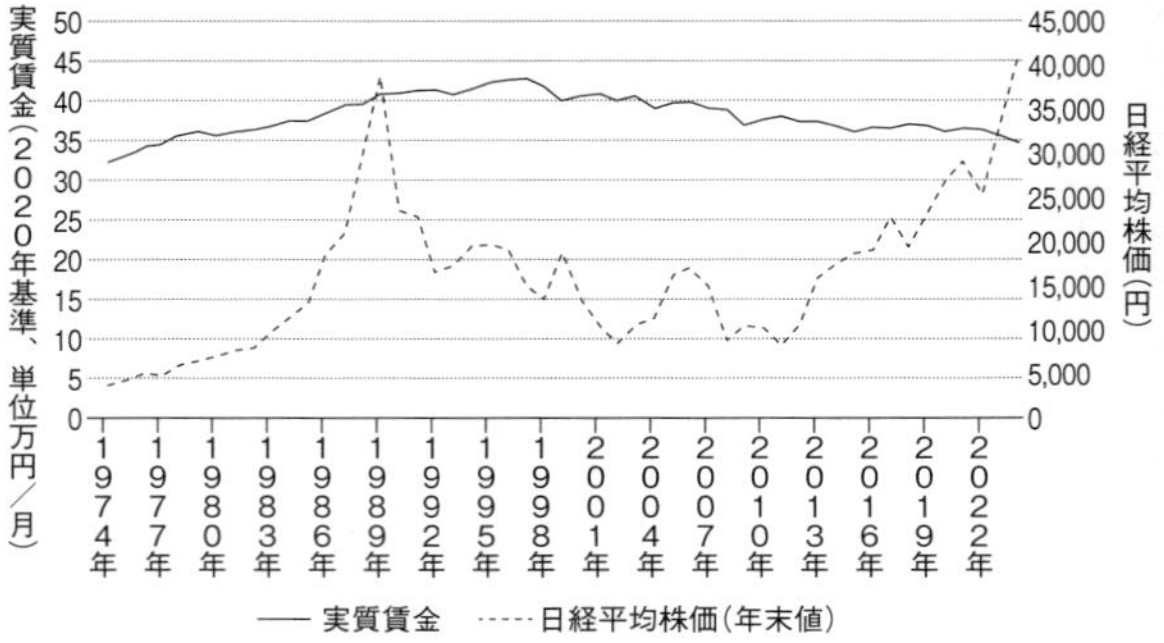

しかし、1980年代末のバブルが崩壊し、「失われた20年」と呼ばれた長期の停滞を経て、いよいよ2013年にアベノミクスの名による「異次元の金融緩和」が始まる。政府は停滞する経済を何とかしようとそれまで財政出動を繰り返してきたわけだが、そんなものは無限に続かないので今度は金融政策だ、となった。そのためにグラフ2-3に示したような大量のお金が日本銀行から市中に供給されることになっている。この「異常さ」もグラフ2-3から見てとれる。

「通貨供給量」とは市中に出回っているお金である流通現金（「日本銀行券発行高」+「貨幣流通高」）と「日銀当座預金」の合計値として定義されて「マネタリーベース」と呼ばれているが、現在は2013年当初の6倍にまで一挙に拡大している。日本経済がいまどれほどにジャブジャブな状況になっているかを知ることに

グラフ2-3　日本経済におけるマネタリーベースの推移
（単位：千億円）

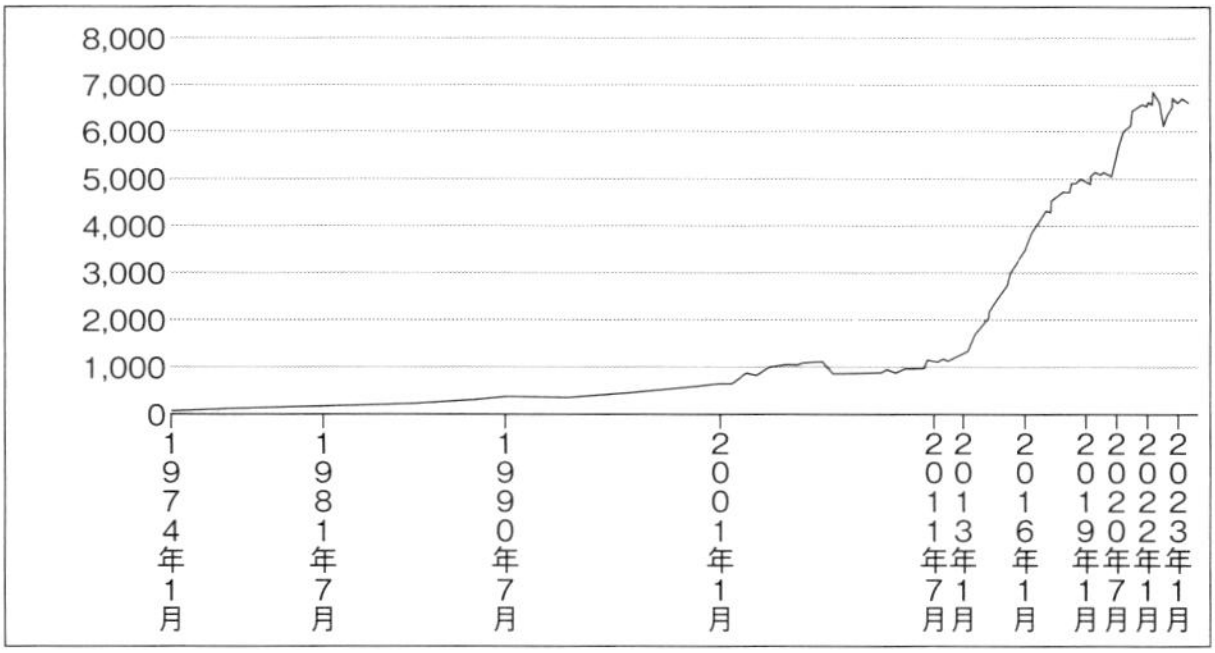

なるだろう。

ただし、もちろん、このお金はヘリコプターでばら撒かれているわけではないから私たち国民にいきなりやってくるわけではない。日本銀行がお札を増刷してもそこでその日本銀行と関係を持っているのは私たち「庶民」ではなく、まずは銀行だからだが、その銀行を通じて増刷されたお金を借りてくれる民間の活力があるかどうかが分かれ道となる。

先にも述べたように、営業利益を増やしても生産的な投資にも賃上げにも使わない大企業が揃っていてはなかなか彼らへの「融資」にならない。そのため、日銀の側も必死で日銀券の市中銀行への供給に伴う金利を極限まで低めなければならなくなっている。現在、「ゼロ金利」とか「マイナス金利」と言われる状況はここから発生していると言える。

だが、そうして金利をどんどん下げられても、(やや繰り返しとなるが)投資や賃上げといった生産的投資をしないのであれば不動産や株など有価証券への「投資」に向かわざるを得ない。現在の異常な株高とすぐ後で述べる不動産価格の上昇はこのようなメカニズムで発生していたのである。ただし、実際のところ、この方式でもグラフ2－3のような規模で膨張したマネーを日銀は市中に供給しきれないもので、増刷したお金の半分ほどは実は国が国債の形で引き受けざるを得なくなっている。

†アベノミクスの異次元金融緩和

だから、いま、問題としなければならない「異常」とは要するに「アベノミクスの異常」となる。その趣旨から少し経済学的な説明をここで挟ませていただこう。この「大胆な金融緩和」、つまり大規模なマネーの市中への供給はケインズ経済学では総需要を増大させるとされるが、その理由はグラフ2－4のようなメカニズムが働くとされるからである。ここではベースマネーの増加が「貨幣市場」として示された線の右方へのシフトとして生じるが、その時、金利の下落が伴うという意味でも現在の現実を反映している。

しかし、こうして「商品市場」として示された線上で均衡点が点Aから点Bにシフトしたということは、総需要の増大に合わせて物価が上昇しているということである。その様子はグラフ2－5で表されているが、ここで問題となるのは、総需要の増は総供給の増でもなければならないので、ここでの需要曲線の右方へのシフトはグラフ2－5での均衡点の点Cから点Dへのシフトでなければならないということである。この時、図のように物価は上昇しなければならない。

グラフ 2-4

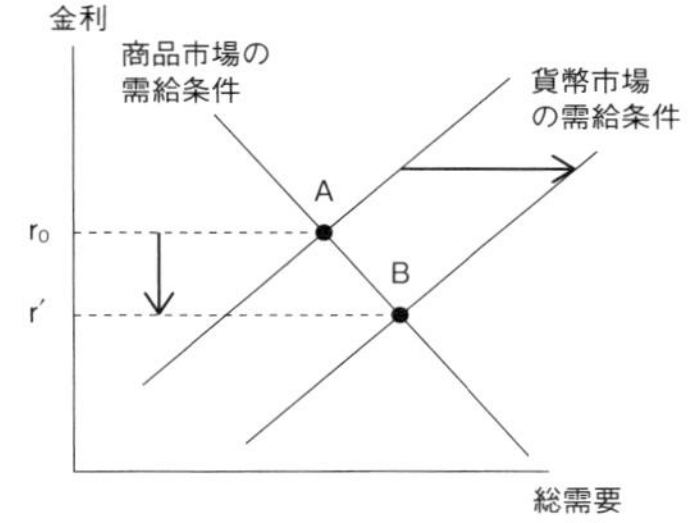

グラフ 2-5

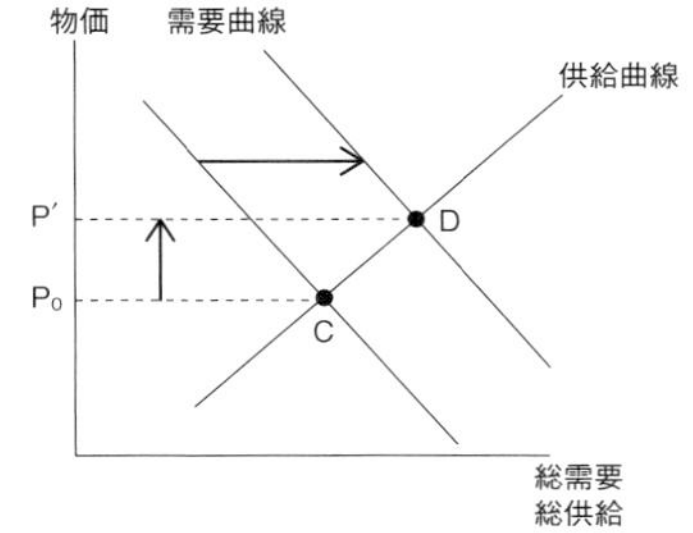

グラフ 2-6

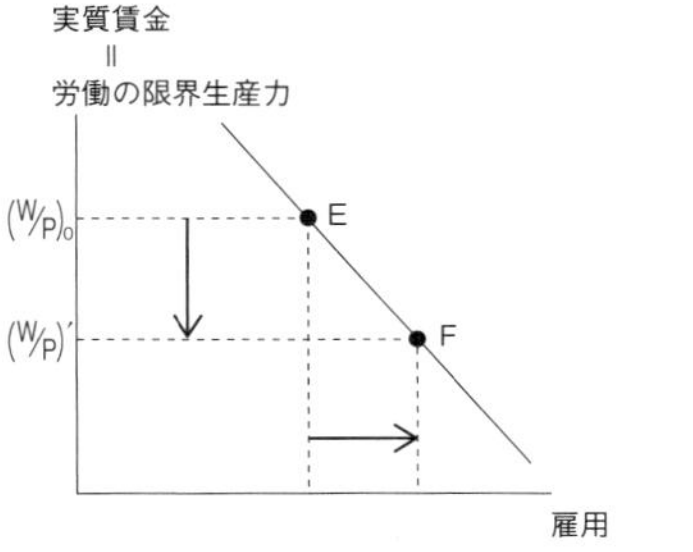

ではなぜ、ここで物価が上昇しなければならないのだろうか。それはこの総供給の増が雇用の増によってまかなわれなければならないためで、それが私企業体制の下でなされるためには雇用増を許すほどの実質賃金の下落がなければならないからである。私企業は利潤原理で行動するのでグラフ2‐6で示されているように雇用増が限界的な労働生産性の低下をもたらすのであれば、それに見合った実質賃金の下落が必要になるからである。そのために物価上昇が必要とされているのである。

こうしてアベノミクスとは要するに物価を上昇させるという政策だった。そして、その本音はそれによってはじめて賃下げができるからだったのであり、これで国民が喜んでいてはどうにもならない。約10年前、アベノミクスがはじめられた時、一部の「左派経済学者」にまでそれを歓迎するような風潮が広まったが、それは上記のような事情がまったく理解されていなかったからである。

ちなみに、こうした「ケインズ政策の本質」を早くも1950年代に指摘されたのは当時神戸大学の助教授でおられた置塩信雄氏である。『「人口ゼロ」の資本論』でも書いたが、日本の、というより世界的なレベルで森嶋通夫氏とともに数理マルクス経済学の創始者とされる偉大な先生であると共に、私が大学院生だった時に大学を越えてかわいがってくださった「恩師」の一人である。この項はやや近代経済学的な説明となっているが、それをどう批判するかについて代表的なマルクス経済学的批判のあり方なのでここで紹介した。なお、「置塩マルクス経済学」のコアたる成果は、本書の第Ⅱ部で紹介することとする。

いずれにしても、この経済モデルで説明されたことは金利の低下と物価の上昇、それによる実質賃金の下落であり、グラフ2－2で示した2013年以降現在に至るまでの「株価と賃金の連動と相反」の全体状況は、正確にトレースしたことになる。この間、雇用は改善したが、これは結局、労働者への負担強化のためだったことがわかる。

だが実のところ、この「労働者への負担強化」であることも最初から言われていなかったわけではない。たとえば、yahoo!ニュース2013年4月12日付の「「アベノミクス」をわかりやすく説明（成長戦略編）」という記事は、表2－1（表のタイトルは大西）を掲げて、何と「アベノミクス賛成論」の側も「企業にとっては物価に比べて給料が割安になるので……」としていた。つまり実質賃金の切り下げという本質を理解していたことになる。それを知ってはいても、雇用が改善するから良いのだとか言って、物価上昇による実質賃下げを10年以上も容認してきた。そして、その結果、「雇用増」を目標としなければならない社会から、1990年代から進む非婚化、少子化を加速させて少子化による

表2-1　賛否ともに実質賃下げを認めていた「アベノミクス」への評価

論点	賛成	反対
デフレの原因は	日銀が世の中に流すお金が少なすぎる	人口減少や給料減少など
「2年間で物価2%上昇」は可能か	日銀が頑張れば可能	日銀の努力だけでは困難
円安の影響	輸出が増える	輸入品が値上がり
給料や雇用	企業にとっては物価に比べて給料が割安になるので、雇用が増える	給料はすぐに上がらないので、生活が苦しくなる
将来のリスク	日銀は物価を調節できる	日銀がコントロールできない超インフレになる恐れも

yahoo!ニュース2013年4月12日付の「「アベノミクス」をわかりやすく説明（成長戦略編）」より作成

「人手不足」の社会にしてしまったのである。

「アベノミクス」を含む広義のケインズ政策はたとえ短期に効果があっても長期にはこうした問題を発生させることを知らなければならない。いま生じている日本経済の異常をもたらした原因、それを許容してしまった原因をはっきりさせておく必要があると思う。

†資産家優遇に踊って夢をみる庶民

ところで、こうして現在の「異常」の背景に実質賃金の引き下げがあったことを理解しても、それでも多くの人々は株や不動産などの資産の上昇自体を喜んでいる節がある。いまや定期預金でもネットには「わが行の金利は他より高く0・4%」という宣伝文句が飛び交うほどのこれも「異常」なゼロ金利状態になっていて、人々はいまや金融資産を預金の形で持っておくわけに行かなくなっているから、当然に株などの有価証券や不動産の購入に進むこととなる。それ自体が株価や不動産価格の上昇を生んだのであるが、この結果、一般の人々も本当に利益を得ているのだろうか。

もちろん、NISAなど投資信託の形で株式を保有していれば、その分だけの資産価格増による利益を得ることができるが、読者諸氏に申したいのはそれによって得ている収入と労働によって得ている収入との多寡を考えてもらいたいということである。1人当たりの労働所得はおそらく毎年数百万円を得ているだろうが、株や不動産などから毎年数百万円の利益をコンスタントに得ている労働者はどれくらいいるのだろうか。

たとえば、総務省統計局の「家計調査」からも、そうした所得の占める比率が微々たるものに過ぎないことが確かめられる。2024年4月期の「2人以上の勤労者世帯」の「収入」の内訳は表2-2のようになるが、この勤労者世帯が、もし所有しているマンションから家賃収入を得ていたとしても、それは「事業収入」の5000円のうちに含まれる。また、株など有価証券の含み益を収入として使ったとしてもそれは下から2行目の

表2-2　2人以上勤労者世帯の収入内訳（単位：万円）

実収入	56.6
経常収入	55.6
勤め先収入	49.1
世帯主収入	38.2
配偶者の収入	9.6
他の世帯印収入	1.4
事業・内職収入	0.5
他の経常収入	5.9
特別収入	1.1
実収入以外の受取（繰入金を除く）	49.4
うち預貯金引出	37.6

総務省統計局2024年（令和6年）4月期『家計調査報告』より作成

「実収入以外の受取（繰入金を除く）」の一部——ここから「うち預貯金引出」を除いた部分——ということになる。つまり、いかに多めに見繕っても12万円に満たない程度ということで、実際はもっと小さいはずである。

もちろん、これらは世帯人員2人以上の勤労者世帯の平均値にすぎない。適度に資産を持つ安定した世帯であっても、年間の資産価格上昇利益はせいぜい100万円程度で、その人にとっては勤労所得の10分の1に満たないのではないだろうか。もちろん、ほとんど資産らしきものを持たない中間層や貧困層にはまったく関係のない話である。資産価格の上昇で利益を得ている階層（資産家）と、一般庶民とは根本的に利害が異なっているということが重要である。

資産価格の上昇で利益を得ている階層（資産家）と、一般庶民とは根本的に利害が異なっているわけだが、超富裕層でない限り、こんなものだと知っておくことも重要である。

なお、不動産については、少し特別に触れておかなければならない。と言うのは、株などの有価証券の価格を引き上げた要因は、不動産にも同じ影響を与えているからである。特に首都圏の地価の上昇は止まるところを知らない。その結果、私の住んでいる港区あたりでは自分の住んでいる土地の価格がやたら上がって「保有資産」としてはそれなりの「小金持ち」となっている人々も多いのである。だが、そうした人々はここで言う「資産家」ではないので、そのことの説明である。

つまりは、こういうことである。彼らの「資産」は、利殖のための不動産所有ではない。そうではなく、ただ住んでいるマンションの価格が上がったにすぎない。なので、評価額の上昇に伴って爆上がりした固定資産税を、「けしからん」「その増税は拒否しなければならない」とする運動さえ港区にはあった。地域住民に言わせると、住むための家と資産としての不動産の違いをちゃんと理解してもらいたいという運動と言える。実際、よくよく考えると「生活手段」と「生産手段」は意味が全然違う。つまり、資産価値が勝手に上がったからといって、「住まい」しか持たない人はいくら有産階級に見えたとしても、「資産家」になるわけではないのである。

†不動産業偏重のいびつな産業構造

ところで、こうして「資産家」と「庶民」の利害の対立を認識することも重要なのであるが、第Ⅰ部の他の章と同じく、本章でも資本主義のもたらす様々な末期的諸現象が「全国民的」な不利益をもたらすこと、国家的危機をもたらすということについて説明したい。そして、この意味で、①低金利（ゼロ金利）が各種の「資産価格」を引き上げ、②「円安」によって輸出企業に為替差益を与えても国全体にもたらす国民経済的不利益があることの説明が必要となる。この2点を本章の最後に説明する。

それで最初の①「資産価格」問題であるが、まずは日本の産業構造が不動産業に偏重してしまう危険性である。たとえば、テレビのコマーシャルを見てみても、過去には家電や自動車が目立ち、その後、携帯電話や消費者金融が目立っていたのが、いつの間にか三井不動産や住友不動産が目立つように変化してしまっている。これは日本経済の中心が不生産的部門に大きくシフトしつつあることを暗示しているようで心配である。資源が不足し、「輸出立国」でしか成り立たない国がこれで本当に良いのだろうか。

先にも述べたように、私は慶應義塾大学に勤めていた関係で東京都港区の田町付近に住んでいるが、その近辺はいま、JR東日本などが関与した都市再開発による高層ビル群の建設ラッシュとなっている。JR東日本の本業は「鉄道業」であるのだが、いまは巨大ビル群を建てるのに一生懸命で、いつから不動産事業者に転業したかのように錯覚する。田町・品川間の旧操車場の「不動産開発」では、すでに5棟の巨大ビルが建設中で、さらにあと数棟が計画されている。また、田町駅に隣接した森永ビルの建て替えにもJR東日本は関わっていて、そこに新規に建てる高層ビルの一部所有権を握ったことも知られるようになった。

確かに私鉄各社は従来から、不動産開発との合わせ技のスタイルで利益を上げてきたが、最近の大手企業には、不動産部門への投資にやっきとなり、本業を忘れたような企業が増えている。ちなみに、森永ビルに隣接してあった旧三菱自動車ビルのオーナーである三菱重工（とその100％子会社）も、駅の両側に2棟のタワービルの建設を推進中である。

国有から私企業となったJRと非常に似た来歴の会社であるNTTも、資産売却の「不動産資本化」をしている。NTT西日本は大阪城公園横に本社を持っていたのが、外国人観光客急増の中、現在は本社を移転して、その跡地に高級ホテルを建設中である。

JRにしてもNTTにしても、彼らが持っていた土地はもともと「国有地」だが、それ

グラフ2-7　マンション価格指数の推移（2010年平均＝100）

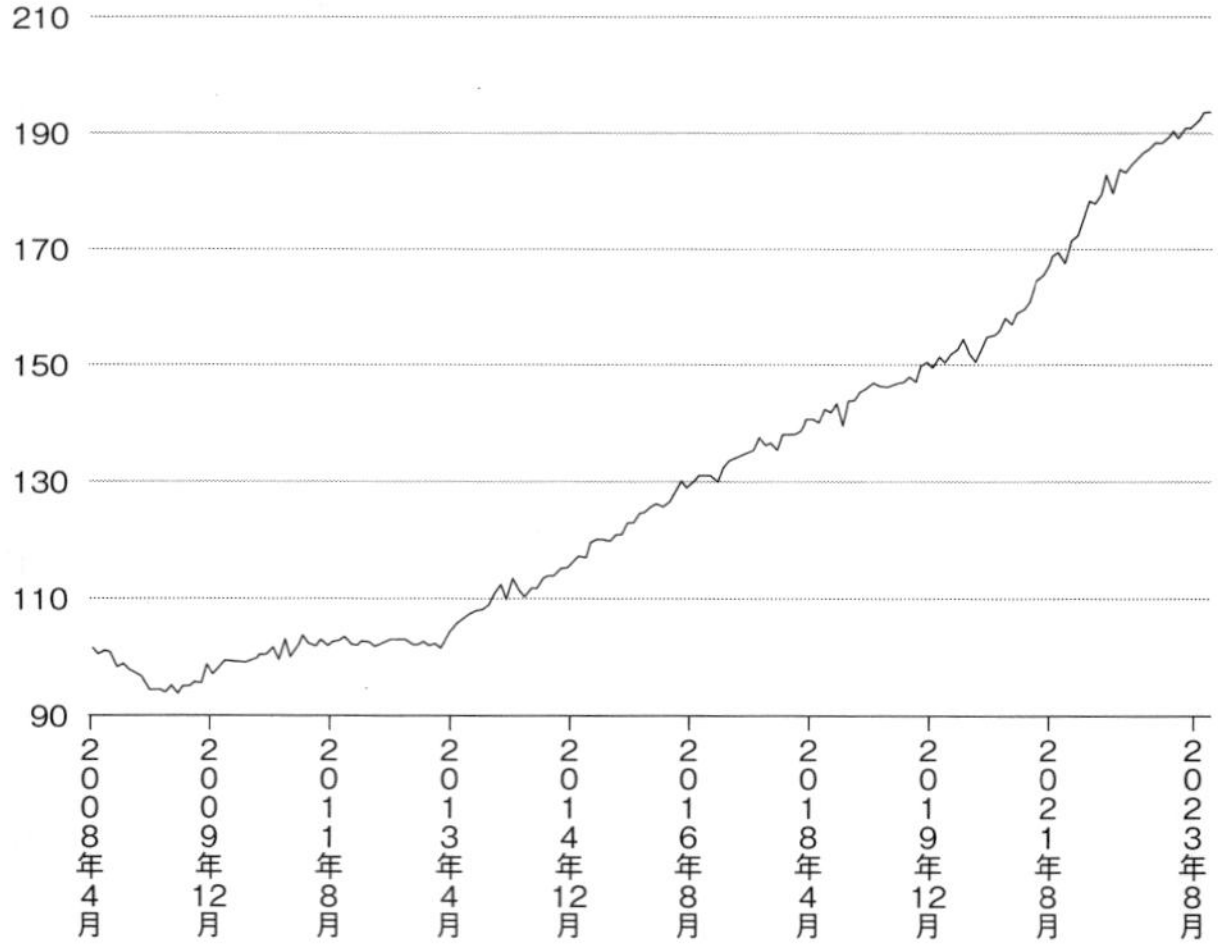

国土交通省「不動産価格指数」（国土交通省ホームページ）より作成

を使った不動産業にやっきとなっていることになる。グラフ2－7は「日本のマンション価格指数の推移」であるが、ここに見られるようにボトムの価格からほぼ倍の価格に急騰している。

†アベノミクスで失われた利子所得

しかし、「マンション」は都市圏に特徴的な物件である。日本全国（地方）の住宅価格の変遷と比較すると、大都市圏のそれは異常ともいえる上昇である。さらにここで考えてもらいたいのは、都市部の「マンション」の狭さである。というのは、このグラフ2−7が示す約15年間は一貫して実質賃金が下がった期間であり、価格帯を考慮すると、一般に販売されるマンションは、この期間に相当に縮んだのである。住まいの狭隘化は、子供の数を制限する。そのため、実は少子化と深く関わっているということである。

不動産価格の上昇は、すでにそれを保有している人々にとって（固定資産税問題を除けば）良いこともなくはないが、これから購入または賃貸しなければならない若者にとってはますます手が届かなくなることを意味する。これは、香港など中国の大都市や韓国等にも完全に共通していることだが、若者の不満の多くが、居住の問題にあることを知らなければならない。

都市部で働く人のほとんどが若者世代である。不動産価格の上昇が世代間の所得移転問題でもあるということを指摘しておきたい。

さらに若者がマンションを借りたり買ったりできない原因が「低金利」にあることも補足しておきたい。国は優遇税制で住宅ローンの負担を軽くしているものの、「国民全体」で言えば不利益の方が大きいからである。これは「マクロ経済学」の話であるが、企業は、国民（家計部門）の預金を銀行などから融通されることで運営されている。総体として、企業は借り手であり、総体としての家計は貸し手である。つまり、低金利は借り手である企業にこそ得なものであり、貸し手である家計部門には不利益であるということである。

実際、総体としての家計はこの低金利によって大幅に「利子所得」を失い、また年金基金の運用益縮小の結果、日本生命などの個人年金保険は2017年に年金保険料を数パーセント引き上げるということをしている。要するに結局、低金利が国民の負担となっているということである。なお、山田博文氏は1991―2016年に失われたこの総額を435兆円と計算している（山田博文、2023、137ページ）。

†異常な低金利がもたらした異常な円安

この低金利政策は上記以外にも日本経済に大きな問題をもたらしている。それは輸入物価の上昇と日本人の対外的購買力の低下、ドルベースGDPの急落を招いた異常な円安であり、1ドル160円台となった2024年には原油や石炭など円建て燃料価格の上昇で電力料金が一斉に引き上げられている。そして円ドルレートが140円前後だった23年でも日本のドルベースGDPは、人口で3分の2、かつまたその年にマイナス成長だったドイツに負けるに至っている。国際的なレベルで見た日本のプレゼンスがこうして大幅に縮小してしまっているのである（たとえば日本の海外援助額もこのペースで縮んでいる）。

確かに、この円安には先進国に特有の「仮面の黒字」などの構造的要因も関わっている。過去の海外投資の「あがり」である第一次所得収支による見かけ上の経常収支も、投資先で再投資することでそれが円に戻されないと、経常収支の黒字は「みかけ」となってしまうからである。そして、この場合、円が買われないので円の上昇要因とならない。先進国では一般的に国内投資より途上国での投資の方が利益率は高いので、どうしてもこの傾向が生じる。先進国に特有な構造的要因である。

しかし、とはいえ、こうした現象は日本だけでなくドイツでもアメリカでも生じているはずだから、円ドルレートや円ユーロレートには大局的には影響しないし、少なくとも160円や150円などといった為替相場を説明できるものではない。だいたい、アベノミクスが始まる2012年末までは1ドル80円前後だったわけで、1ドル160円なら円の価値がほぼ半分となっていたことを意味している。こうした急速な円安はやはりアベノミクスを出発点とする異常な金融政策＝異常な低金利政策でしか説明ができない。

このことは2024年8月に起きた10円強の「円高」への転換によっても示されている。これが日銀金利の0・25％の引き上げとアメリカ金利の引き下げを契機に生じているからである。つまり、日本の異常な低金利によって「ほぼ無利息」で借りた外国人投資家たちが米ドルにそれを転換して利ザヤを稼ぐというやり方（これを「円キャリートレード」と言う）を盛んにやっていたのが、金利差の縮小で一気に冷え込んだのである。こうなると円売りドル買いの額は縮小し、「円高」に戻される。こうして、金利というものが直接に円ドルレートを決めていたこと、異常な低金利こそが異常な円安をもたらしていたことがわかるのである。

†円安は日本を途上国にする

国際学会などで欧州あたりに出るとこの円安がいかにきついか思い知らされる。日本では数百円でふつうに食べられる軽い朝食でも2000円を超えてしまっている。もちろん、輸入品の価格もこの比率で上昇するから、資源などを海外に依存する日本の国内物価も全体として上昇する。これは現在のインフレの非常に重要な原因となっていて、日本の富の大量流出を招いている。資産家を肥え太らすための低金利（そして、輸出企業が大儲けするための円安）が庶民の暮らしをいかに苦しめているかを知らなければならない。

たとえば、気楽に海外旅行ができる富裕層と違って、海外旅行は庶民にとって一気に難しくなった。この結果、2024年1―3月期の日本人の出国者数は前年同期比で38％も減少している。おそらくビジネスクラスで渡航する富裕層の出国が増えているにもかかわらずである。

ちなみに、この間の訪日外国人は、逆に6％増えている。言い換えると、海外の人々にとって日本で買ったり泊まったりするのが超格安になっているわけである。海外からの旅行客は急増し、日本人乗客の減少をまかなってあまりある外国人旅行者が、日本と外国を結ぶ国際線の座席を占めるようになっている。その結果、私たちの日本文化を海外のより多くの人々に知ってもらえるようになったいっぽうで、日本が「途上国」になってしまったようで複雑である。日本のものを外国人は買える、国際線にも乗れるけれど、日本人には買えない、乗れない、となってしまっているからである。

実際、ここまで円安が進行してくるといっそ日本を脱出してニューヨークで皿洗いでもした方がまし、という話も出始めている。ニューヨークで皿洗いすると月収30万円程度となるそうだが、最近、ある友人から次のような話を聞いた。アメリカの大学で助教（以前には「助手」と言った）をすれば、東大や京大の教授より賃金が高くなる、それでその友人の知人は日本人だけれども日本の教授・准教授への転身よりアメリカの大学で助教待遇で働き続けるのを選んだというのである。

だが、実のところ、この「日本の途上国化戦略」は「国家戦略」なのではないかとも思えてくる。というのは、麻布台ヒルズなど新たに作られた高級レジデンスの販売価格にしても、神宮外苑の木を切った跡の高級マンション計画にしても、そこで想定される入居者が外国の超富裕層や外資系企業の高給エリートたちであるためだ。ついでに言うと外国資本が開発したニセコの高級リゾートホテルはとても日本人庶民には手が出せない「外国人料金」となっている。都心部の高級マンションと日本人用の一般マンションの違いと同じ関係が、リゾートホテルにも見られている。

いま、日本の客観的な地盤沈下を日本人自身が正確に認めることは非常に重要だと思う。そしてまた、日本が外国に開かれるのも非常に大事であろう。ただ、それを戦略的に進め、わざと円を安くし、かつ資産の価格を引き上げるのだとしたら、いかがなものだろうか。

円安と資産価格の高騰は、あまりに一般庶民の利益を無視している、国を超えた富裕層の利益しか考えられていないのである。

第三章　迫りくる財政破綻という全国民的危機

†借金による借金返済が構造化した日本財政

　ところで、前章で説明したアベノミクスの大胆な金融緩和という異質な政策は大規模な国債発行へと帰結し、それによって日本の国債残高はついにGDPの約1・9倍、1100兆円の規模に達してしまった。国債以外の債務も含めるとGDPの2・5倍に達する。

　前章で述べたように日本銀行による異常な規模の市中への貨幣供給は使われ先がないので結局、国によって引き受けざるを得なくなったという事情によるものである。というよりも、国民に回されるのならいくらでも使い道はあるのだが、いかんせん日銀⇒金融機関⇒企業とのルートで「貸し出し」される以上、企業が投資でなく「自社株買い」など利潤

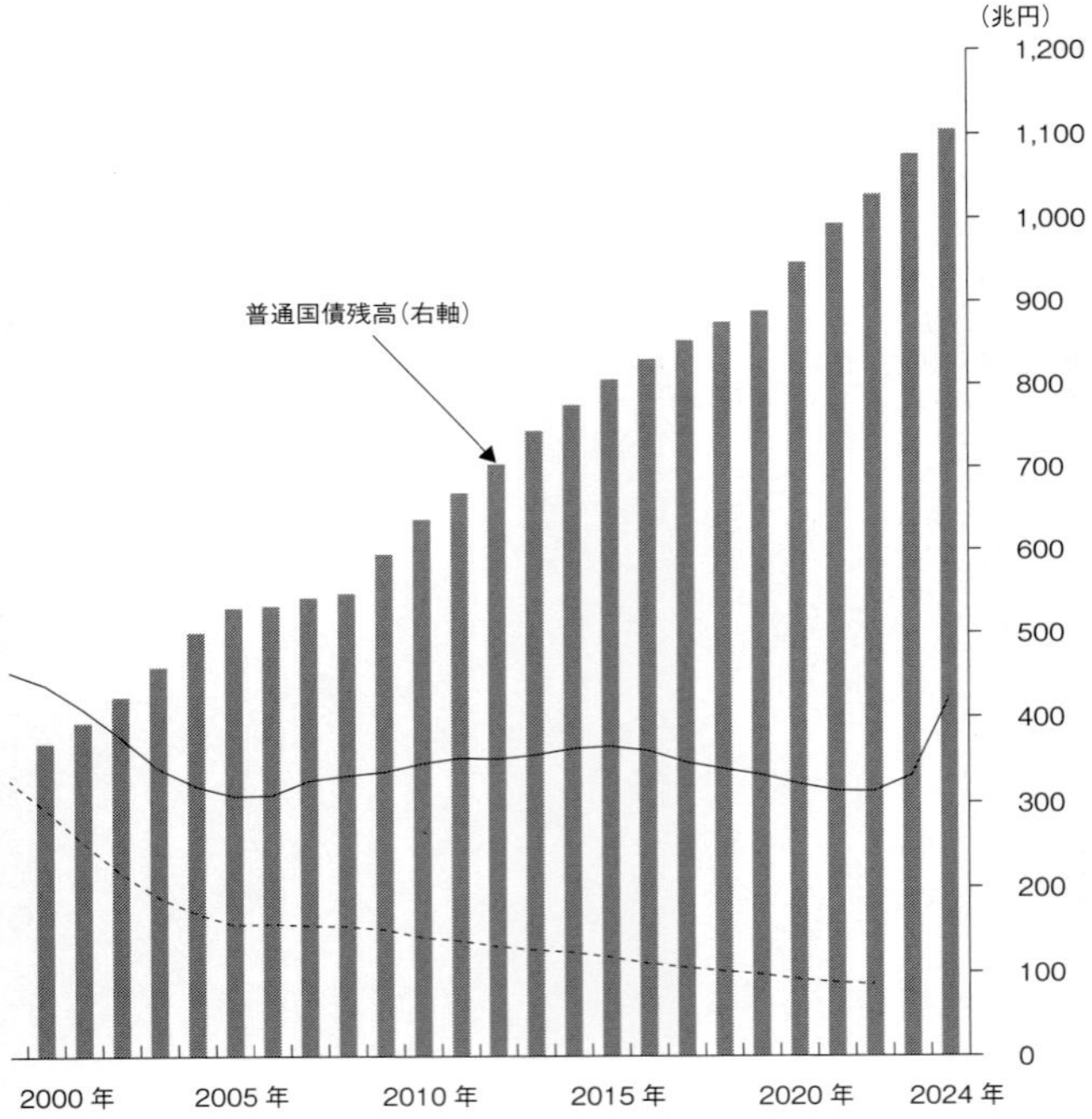

(兆円)
1,200
1,100
1,000
900
800
700
600
500
400
300
200
100
0
普通国債残高(右軸)
2000 年
2005 年
2010 年
2015 年
2020 年
2024 年

グラフ 3-1　国債残高の累増と金利、利払いの推移

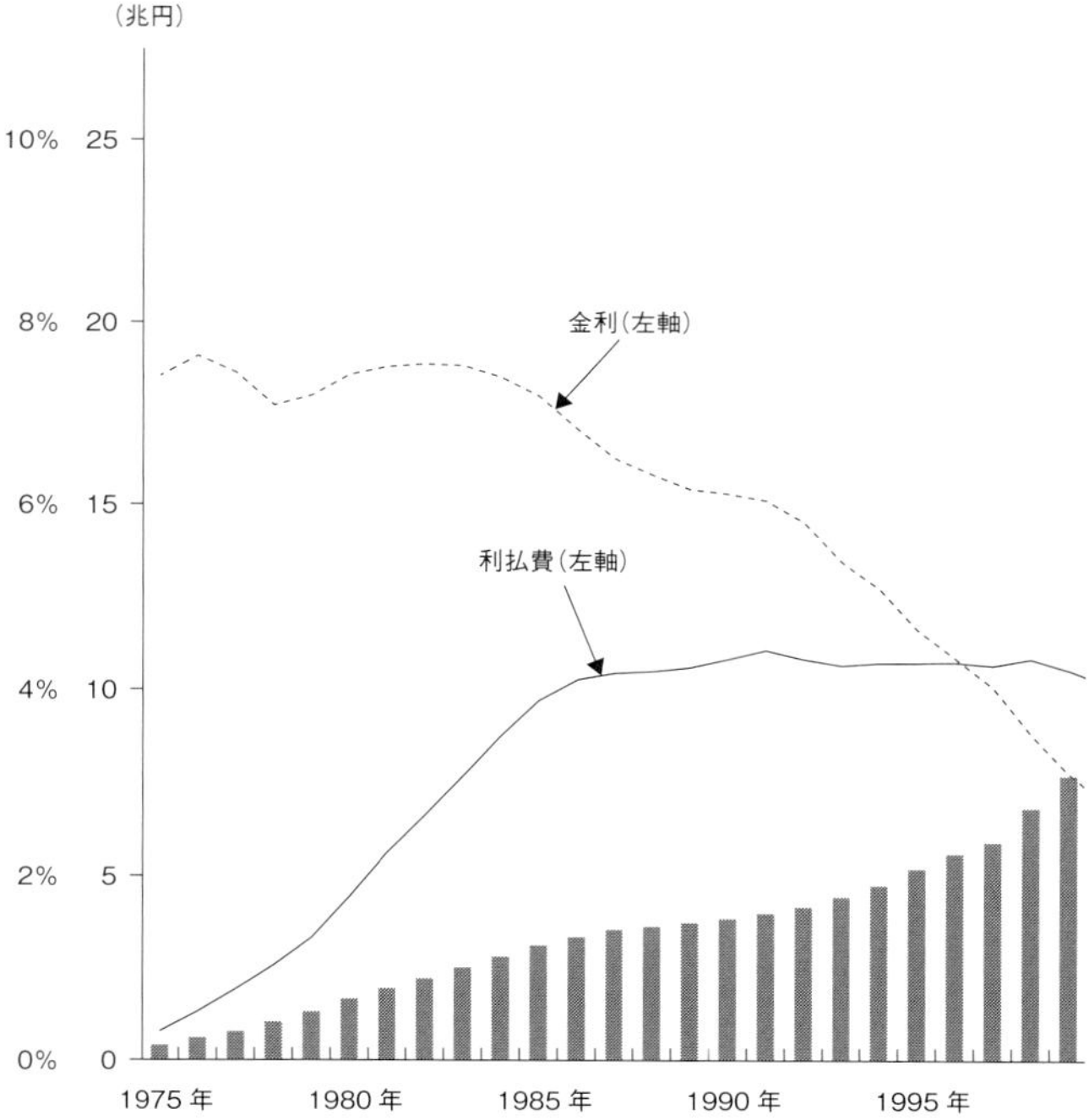

利払費は、2022 年度までは決算、2023 年度は補正後予算、2024 年度は政府案による。
金利は、普通国債の利率加重平均の値を使用。
普通国債残高は各年度 3 月末現在高。ただし、2023 年度は補正後予算、2024 年度は政府案に基づく見込み。
財務省主計局（2024）「我が国の財政事情（令和 6 年［2024］度予算政府案）」p. 7 より作成

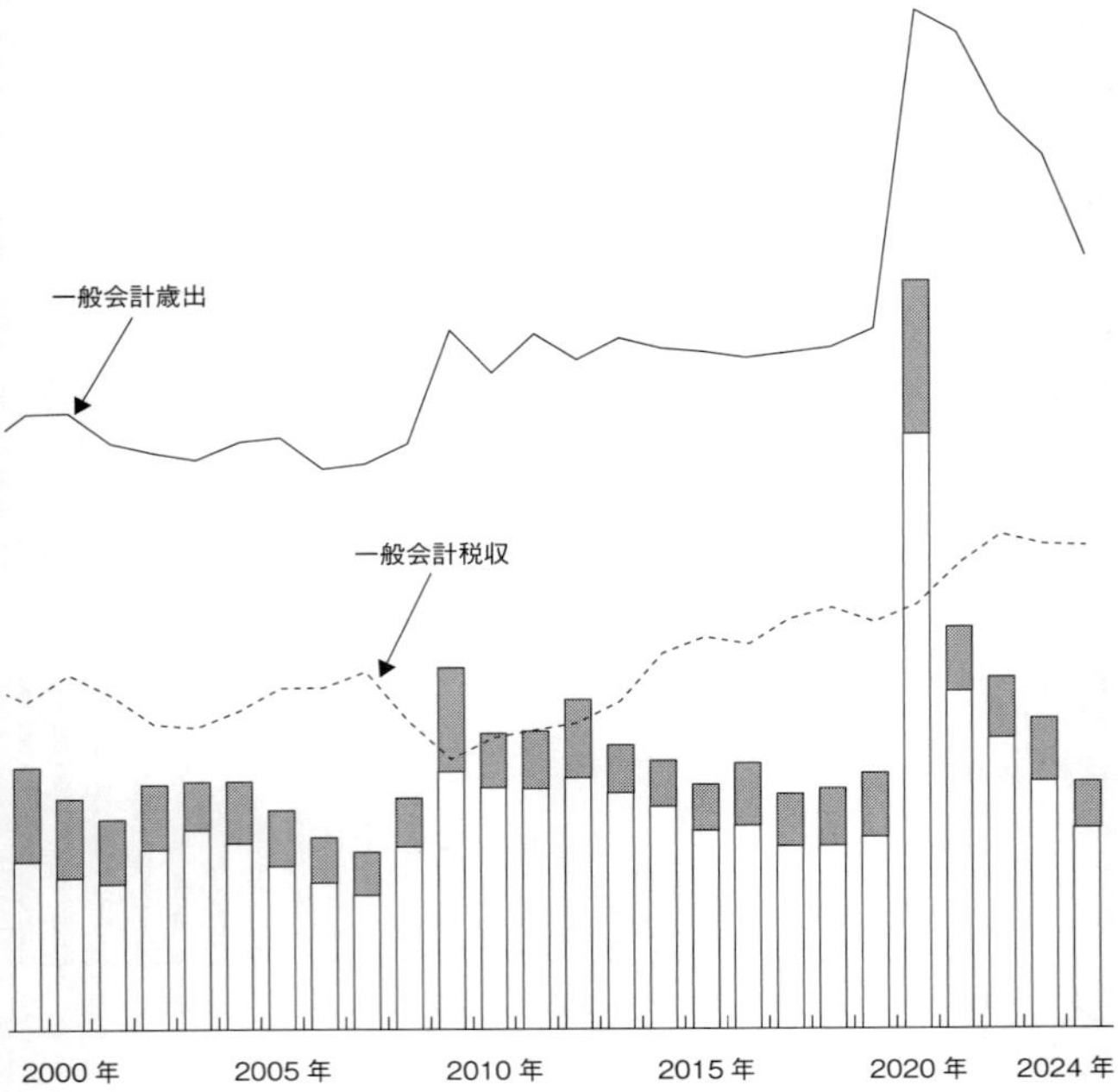
一般会計歳出
一般会計税収
2000年
2005年
2010年
2015年
2020年
2024年

グラフ 3-2　国債依存を強める日本の財政構造

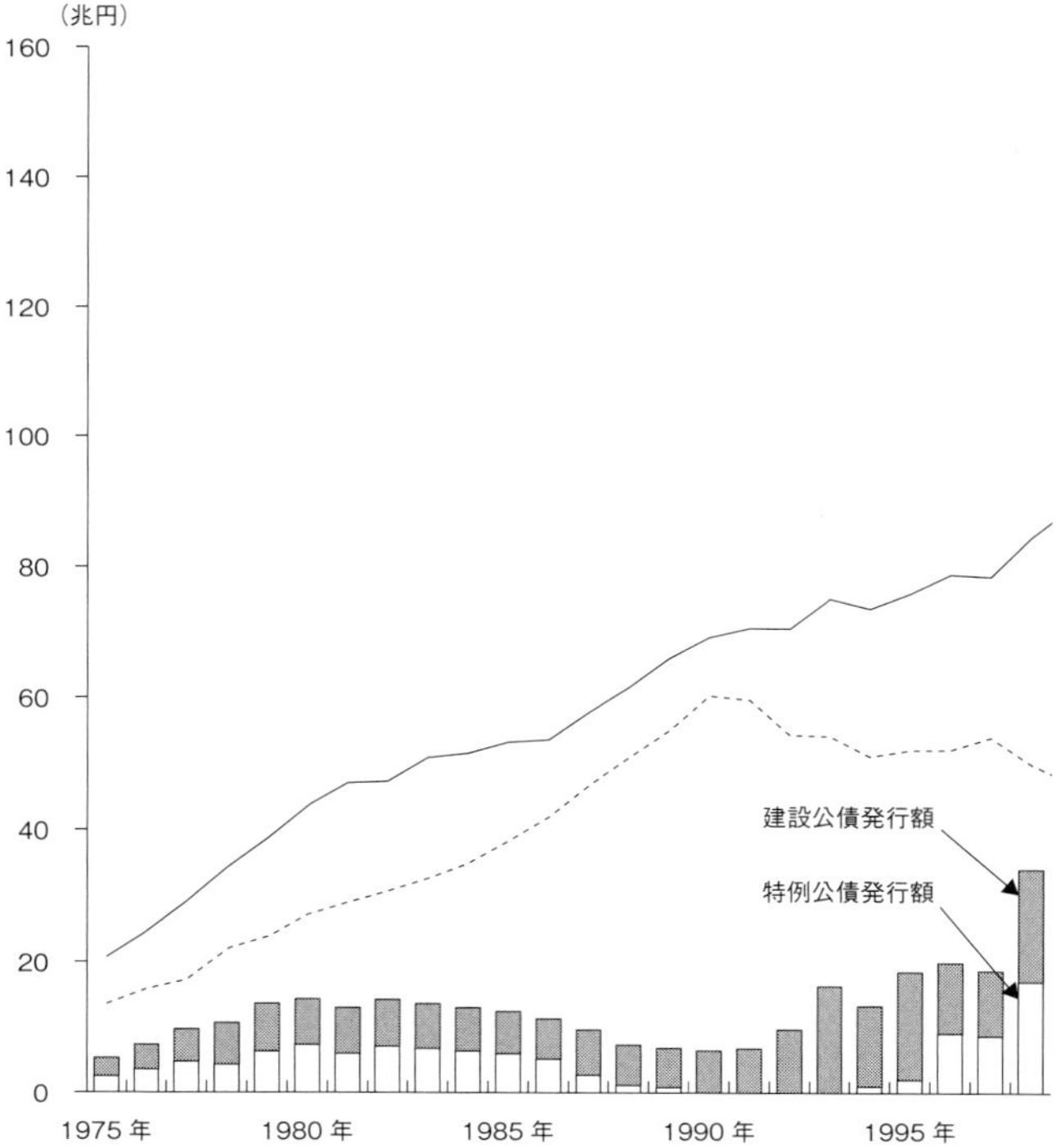

2022 年度までは決算、2023 年度は補正後予算、2024 年度は政府案による。
公債発行額は、1990 年度は湾岸地域における平和回復活動を支援する財源を調達するための臨時特別公債、1994～96 年度は消費税率 3% から 5% への引上げに先行して行った減税による租税収入の減少を補うための減税特例公債、2011 年度は東日本大震災からの復興のために実施する施策の財源を調達するための復興債、2012 年度及び 25 年度は基礎年金国庫負担 2 分の 1 を実現する財源を調達するための年金特例公債を除いている。
2023 年度の歳出については、2024 年度以降の防衛力整備計画対象経費の財源として活用する防衛力強化資金繰入 4.4 兆円が含まれている。
財務省主計局（2024）「我が国の財政事情（令和 6 年［2024］度予算政府案）」p. 3 より作成

グラフ3-3　一般会計と特別会計の主要な経費別歳入歳出純計額（2023年度当初予算）

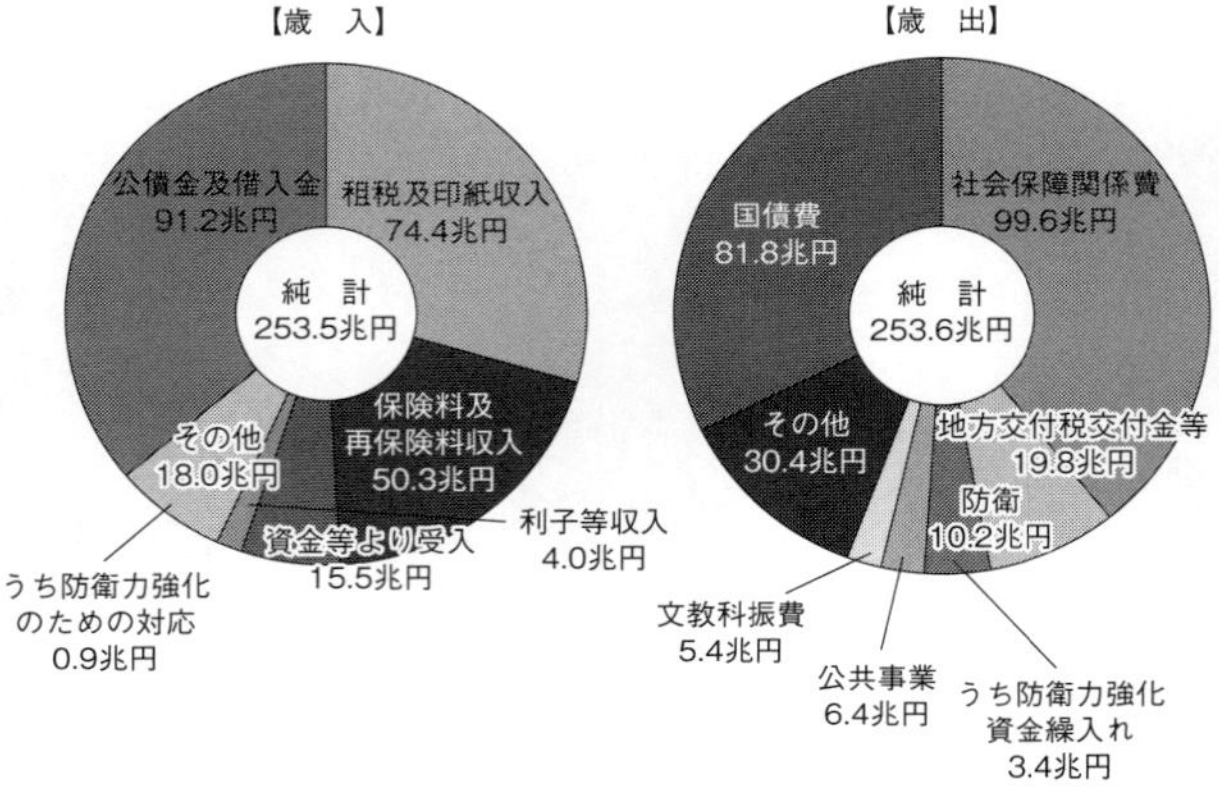

財務省「令和5年［2023］版特別会計ガイドブック」p. 27より作成

分配にシフトしている下では仕方がない。無制限な財政支出をしないために本来そうした目的での国債発行は禁止されていたのだが（財政法第4条）、いまやその制限がなかったかのように扱われている。

そして、その結果、グラフ3－1で見られるように国債残高上限を知らぬかのように増大し続け、各年の一般会計歳出と税収とのギャップ（この部分が国債発行となる）はグラフ3－2のように広がり続けている。バブル以前には補完的なものにすぎなかった国債発行がいまや歳入の半分ほどを占めるようになっている。政府はこのような財政運営を今後も続けようとしている。

だが、もちろん、このトレンドは無限に続けることができない。と言うのは、国債は「借金」だからその後に必ず「償還」が待っていて、その償還額プラス利払い額もどんどん増える。実は恐ろしいことに、現実の国債発行の主な目的がその「償還」と利払いのためになりつつある。そのことを示しているのがグラフ3－3である。

国の財政は「一般会計で一体的に経理する」ことが望ましいと財政法で決められているのだが、各種の事情により13種類もの「特別会計」が設置されていて、その金額は一般会計の2倍に及ぶ。そのため、グラフ3－3は一般会計と特別会計を（その重複を除いて）合算したものとなっているが、ここで歳入の「公債金及借入金」が91・2兆円であるのに対して利子支払いや償還として使われる歳出側の「国債費」が81・8兆円である。前年度はそれぞれが106・7兆円、92・7兆円だったので確実にその差額は縮んでいる。つまり、「借金を借金で返す」形に急速に近づいているのである。

もちろん、これはあってはならないことである。だいたい、国債というもの、それ自身が後にお金を生み出すものしかダメということで、「建設国債」だけが認められていたものが、1965年に当時の佐藤栄作内閣下の福田赳夫大蔵大臣が「特例国債」を発行し、認められるようになった（その後、三木内閣で大平大蔵大臣が特例公債法を制定している）。

ただ、その時点でも「償還のための起債は行わないものとする」と規定されていたが、1984年の「特例公債法」改正で「償還のための起債は、国の財政状況を勘案しつつ、できる限り行わないよう努めるものとする」という努力義務に変えられていまに至っているのである。ここから「借金を借金で返す」という退廃への道が始まった。

†借金による借金返済は持続不可能

ただ、それでもここで百歩譲れば、「借金で返せる」範囲なら一応辻褄が合うが、それも無限に続けられるわけではない。たとえば、

国債新規発行＜国債償還額＋利子支払い＝国債償還額＋国債残高×利子率

となってしまえば「歳入を課税でまかなうのではなく、国債でまかなう」という本来の目的が果たせなくなり、逆に国債利子の支払いと償還のために課税をするということになってしまう。であるから、そうなってしまわないための条件を式の変形で求めると次のようになる（＊1）。

$$\text{国債新規発行増加率}-\text{国債利率}>\frac{\text{平均償還年数}-1}{2}\times\text{国債発行増加率}\times\text{国債利率}$$

＊1　国債発行増加率をg、金利をr、平均償還年数をδ、償還対象となる国債の発行時点での発行額をB_0とおいた時、与えられた式は、

$$B_0(1+g)^{\delta}>B_0+rB_0\{(1+g)^0+(1+g)^1+(1+g)^2+\cdots\cdots+(1+g)^{\delta-1}\}$$

となるが、これを変形・近似して計算している。

しかし、ここで更にこの式の右辺が一般に正であることを考慮すると

$$\text{国債新規発行増加率}>\text{国債利率}$$

でなければならないことになり、これが原因で現実の国債利率が非常に低く設定されているものと思われる。

ただし、今後国債発行額がさらに増えると予想されている下で現在1％程度となっている10年もの国債の利率もさらに上げざるを得ないだろう。（＊2）そして、この結果とし

て国債の新規発行増加率が1％を上まわってくると経済成長率より高くなり、長期に持続不可能となる。

＊2　この金利上昇はＧＤＰの2倍超ともなった国債の利払いにも直結するので、財務省は2024年4月に「金利の1％の上昇だけで国債の利払いが8・7兆円も増える」との試算を公表している。この試算は33年度を想定してのものであるが、ともかく8・7兆円という金額は24年度予算の防衛費7・9兆円や公共事業費6兆円を超えている。これは償還ではなく単なる利払いだけで必要となる金額である。これだけでも日本財政がすでに破綻しているのだと知らなければならない。ちなみに、本書校正中に届いた2025年度予算案でも直近の微細な金利引上げのためだけで国債利払い額が対前年度で12・8％も増えている。

考えてもみられたいが、現在のようなゼロ成長下でＧＤＰに変化がないまま国債の新規発行だけが増え続けると、それがいつかはＧＤＰ総額に追いついてしまうことになる。「ＧＤＰに追いつく」ということは、一年間に日本経済が生み出す富を国がいったんはすべて吸収するということで、たとえその吸収後の社会保障支出としての還元が予定されたとしても、これはまずあり得ない状況である。

実際、現在すでに国債の新規発行額は当初予算ベースで182兆円に達し（24年度）、このうち借換債を除いても46兆円が残る。これは現在のGDP610兆円の7・5％を占めるが、この後、国債新規発行増加率とGDP成長率の差がどこまで拡がるかで「GDPに追いつく」までの時間が決まることになる。特に、本書では今後日本の人口が相当に縮小すると予想しているので、そのスピード（2120年に3900万人に縮むスピード）として計算されるマイナス1・1％のペースでGDPが縮むとし（この想定は一人当たりGDPの不変の想定に等しい）、かつ必ず正であるべき国債新規発行増加率を1％と想定すると、今後約124年で借換債を除く国債の新規発行額がGDPに「追いつく」ことになってしまうことを意味する（$1.021^{124[年]}$≒[GDP]610／[借換債を除く新規国債]46）。実際には「追いつく」前に市中消化のために国債金利が急騰して大破綻となるが、である。国債発行というものが長期に持続可能となるのは、経済の成長が見込まれる時に限るということ、それがなければやはり後の世代がそのつけを払わなければならないことが示される。

　2023年11月と24年1月にあった台湾の2つの選挙では、このことが現実に争点となっている。「若者の利益代表」として売り出した台湾民衆党はこれらの選挙で「国債の減額」を、この趣旨から主要な政策としていたからである。人口問題と同様、こうして国債問題もまた、若者世代への負担転嫁の問題として捉えなければならないのである。

なお、この場合でも、インフレーションを起こせばその分だけ名目GDPが上昇し、よって国債発行増加率はある範囲で存在可能となる。もちろん、これは労働者の実質所得を切り下げることに他ならない。さらに問題なのは、インフレというもののコントロールが難しく、中央銀行など政策当局のそれがうまく行かない場合、一気にハイパー・インフレになりかねない危険性が存在する。

実際、現在の経済状況もこの疑問を増幅するものとなっている。現在の日銀が悩んでいるのは、ウクライナ危機後の物価上昇の下で金利引き上げの「金融引き締め」に舵をきりなおすべきかどうかという問題で、これは経済理論的には、「ハイパー・インフレの危険性」を感じているということである。それほど危険な政策運営がされているということを知らねばならない。

†MMTも「シムズ理論」も結局は実質賃下げ論

実のところ、こうした絶妙の経済運営の実現可能性は大きな論点のひとつで、国債増発派の論客のひとり松尾匡《ただす》氏と私は何度も論争をしている。著書『不況は人災です!』(筑摩書房、2010年)以来、現代貨幣理論(MMT)に理解を示し、「反緊縮」をスローガンに活躍する松尾氏とは、彼の大学院時代の恩師が置塩信雄氏だったという縁もあって仲良くお付き合いをしているが、「ハイパー・インフレになりかけたら、さっと経済を冷やす」と言われても、国会審議なしに財政支出を急に減らすわけにはいかないし、ハイパー・インフレになりかけているかどうかを判断するための政府統計は調査・集計の後でしか発表されないので、どうしてもタイム・ラグを伴う。

また、それを見て判断するための国や日銀の会議のための時間もいるから、もっともイージーなインフレ対策である金利引き上げ策をとるのだとしても、相当な判断力がなければ失敗する。そもそも、ハイパー・インフレなるものは、少なくとも過去の事例では金利操作程度のもので収まったことはない。現実のマクロ経済は教科書に書いてあるほど操作可能なものではないと言える。そのへんを甘く見ているというのが私の批判である。

ただし、もっと大きな論点は、その松尾氏の理論が、師匠であった置塩信雄氏の主張とまったく正反対だということにある。置塩信雄氏の研究は前章で紹介したように賃金と物価の関係から労働分配率の動向を見ようとするもので、物価上昇による実質的な賃下げこそをケインズ政策の主要な問題としていたからである。

実際、ＭＭＴに先行する財政赤字容認論として登場したクリストファー・シムズの「物価水準の財政理論（FTPL）」がそれを主張する根拠としているのは、国債として市中消化される政府の赤字財政が物価を上昇させるから、というものである。これは金利がごく低い水準に張り付いている場合、社会に存在するさまざまな経済主体の期待形成を通じて形成されるマクロ的な均衡は財政赤字をちょうど帳消しにするだけの物価上昇をもたらすという理由によるものだが、ここで重要なのは、財政赤字の容認が物価上昇によって根拠づけられているという特徴は、ケインズ理論と同じということである（完全な均衡経済を想定した理論なので「ケインズ理論」とは言えないが……）。ちなみに、本書参考文献に掲げている塩路悦朗氏の論文では、この理論が想定するような状況が日本で実現した場合、統制不能な物価上昇が生じて大混乱となるとしている。

確かに、ここで問題としようとしているMMT理論は失業が存在するような不均衡状態（これは人口減で「人手不足」の現在とはまったく逆であるが）を問題としているのでこの「シムズ理論」とは異なる。そして、その結果、財政赤字を完全に帳消しするような物価上昇を想定せず、たとえばアベノミクスが想定したような2％程度の物価上昇目標を設定することになっている。だが、それでもシムズ理論が導入した「政府プラス中央銀行」をまとめて「統合政府」と理解する考え方などは引き継いでいるため「大胆な金融緩和」として金融政策重視で始まったアベノミクスも、その実際としての赤字財政政策をもって評価するという立場をとっている。「財政赤字の容認」とは確かに「金融政策」ではなく「財政政策」である。シムズ理論とこれらの意味で共通する理論体系であることがわかる。

だが、そうであればあるほど、問題となるのは、程度の差こそあれ、やはり物価上昇が理論のキー・ポイントとなっていることである。世間では「デフレ脱却」という名の「インフレ・ターゲット」論が闊歩し、物価上昇が良いことだとばかり言われてきたが、2022年以降の日本国民にとってこの論はもはや成り立ち得ないのは明白である。

そもそも、ようやく「30年ぶりの賃上げ」が実現したかと喜んでも、それで上がった1・2%の賃金上昇率を、物価上昇率3・8%が完全に帳消しにしてしまい、実質マイナス2・5%となっているからである。物価上昇率と名目賃金上昇率の大小関係こそが焦点で、そこに企業と労働者の取り分の変動が凝縮されている、という考え方こそが重要である。マルクス経済学者としての置塩信雄氏が指摘されたのはそのことであった。

†マルクスの貨幣・国債論

ところで、こうしてマルクス理論との関係に言及することとなると、それとシムズ理論やMMT理論との異同についても若干の解説をしておく必要がある。実のところ、この両理論もマルクス理論もともに貨幣数量説と言われるマネタリスト的な考え方への批判として展開されているからだが、マルクスの場合は中央銀行の貨幣供給も市場で使われなければ価格決定に参与しないと述べ、シムズ理論やMMTは「統合政府」という考え方から財政赤字の中央銀行引き受け分はマクロの価格決定に参与しないと述べた。ほぼ同じ考え方をとっている。

ただ、他方で、シムズ理論やMMTが「貨幣価値」のフレキシブルな変動を主張していることをもってマルクスらの「商品貨幣論」を批判している中野剛志氏の議論には反論をしておいた方が良いだろう。中野氏は、日本において最も包括的なMMTの解説書とした出されたL・ランダル・レイの著書『MMT現代貨幣理論入門』(東洋経済新報社、2019年)に解説を書かれていて、原始的な社会では確かに特殊な商品が貨幣となったが、不換紙幣の時代にその理論を維持するのは時代錯誤だと解説されているからである。

しかし、これには「商品貨幣論」への誤解があると言わざるを得ない。と言うのは、ここでマルクスらが対象としたのは「金属貨幣」であって、シムズ理論やMMTが問題とする「紙幣」ではないからである。中野氏はMMTの貨幣理論のポイントを「円やドルとはたんなる通貨単位にすぎない」とすべくこのような極端な議論をしているが、同書で松尾氏が解説しているように、もっと自然な通説との連続性をもった理論との理解が望ましいと私は考える。とはいえ、ここでの「通説」とは前章以来説明しているような近代経済学の「通説」であってマルクス経済学のそれでは決してない。私の言い方では要するに労働者の賃金を実質的に切り下げて乗り切ろう、との立場で一貫しているということである。

とすると、こうした近代経済学の立場に対してマルクス経済学が「国債」について取ってきた態度とはどういうものだったのだろうか。マルクスは『資本論』の中で2度、国債について言及しているが、それはどちらも資本の蓄積を促進するための梃となるものだという主張として展開されているものである。その最初のものは『資本論』第1巻第24章で述べられた「原始的蓄積の契機」のひとつとしての特徴づけである。植民地制度や国際的な信用制度、保護貿易制度、奴隷貿易などと並んで国家がその強制力をもって資本蓄積を推し進める、そういう制度のひとつとしての位置づけである。

実際、以上に見てきたように、労働者の取り分でなく企業の取り分を増やそうというのがこの赤字国債の隠れた目的だから、そのとおりであるが、マルクスはここでの重要な主張は、この国債は後に返済のための増税へと帰結する、というものであった。マルクスはこれをもって近代の租税制度は「国債制度の必然的な補足物になった」とした。先にはシムズ理論やMMTで「インフレ」が国債発行の必然的な補足物となっていることを説明したが、「インフレ」もまた労働者への負担転嫁であるという意味では同じである。

このことをクリアに主張するために、現代では「インフレ税」という言葉があることを付言しておきたいと思う。インフレによって人々の実質所得が減るというのは事実上人々から税金を取っているのと同じだ、という趣旨からの言葉である。マルクスはただたんにその「補足物」を「増税」とのみ表現したが、私たちはいま「インフレ税」という言葉でそのことを表現できるのである。

†国債の大量発行で利益を得る者たち

だが、こうした大衆への負担転嫁の裏でこの国債から利益を得る社会階層が生まれていると『資本論』が続けていることも重要である（上述の個所と第3巻第30章）。そして、その問題に「国債ビジネス」との名前を付けてマルクス経済学の立場から追及しているのが山田博文氏である。この山田氏の指摘では、アベノミクスが始まった直後の2013年3月期決算には3大メガバンクの純利益の3割が「国債等売却益」だったということである。

ちなみに、この当時、低金利のため通常の貸出し業務での利益をだせなくなっていた銀行業界としてはこれは非常に大きなことで、『日経ビジネス』デジタル版2012年5月30日号はこの記事をトップ記事にした。

ただし、もちろん、こうしたトレードは「利益」を出すこともあれば「損失」を計上することもある。たとえば、全国銀行協会がネット上で公開している「全国銀行財務諸表分析」の最新年である2022年度には都市銀行5行が8639億円の損失を計上しておりこれは業務純益の39・5%に当たる。金利が少し上がり、国債価格が下落した影響と思われるので、それはそれとして重要な現象だが、全体としてどうであったかを見るには日銀側の財務分析をするのが良いと山田氏は主張している。具体的にはグラフ3－4を見ていただきたい。

グラフ3－4に見られるように、2021年度と翌22年度に少し減少している以外はアベノミクスの開始以来一貫して増大してきたことがわかるが、ここでのポイントは、この数字が日本銀行「財務諸表」における「損失」として計上されていることの意味である。民間が保有している国債を日銀が買い受けた場合、その買い受け価格は市場価値となるのに対してそれが償還される際、国は額面価格しか払わないことによって生じるキャピタ

グラフ3-4　国債取引による日銀のキャピタル・ロス＝民間のキャピタル・ゲインの推移

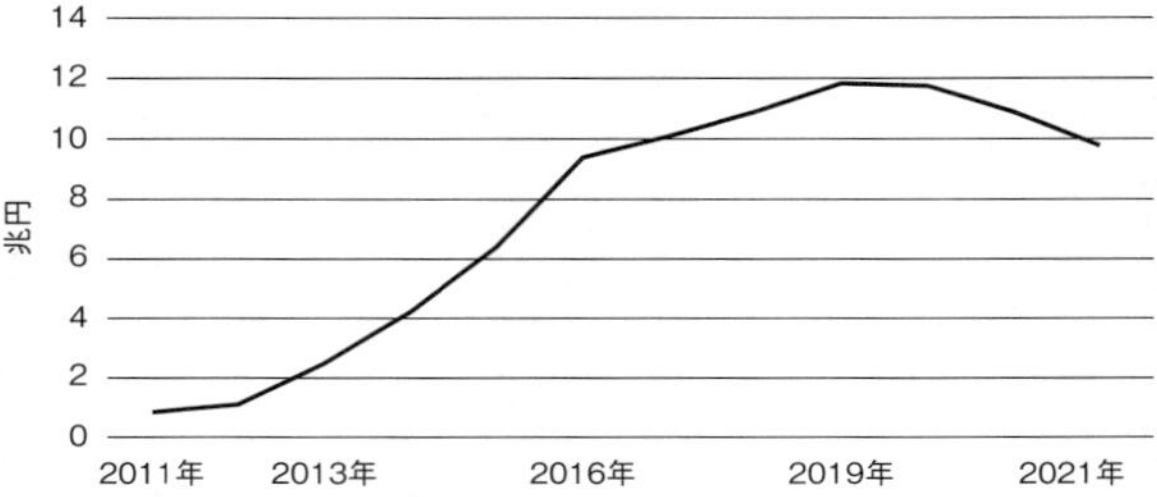

日本銀行「事業年度財務諸表等」各年版
山田博文（2023）p. 111より作成

ル・ロスが示されているからだが、これはそっくりそのまま民間が買った時の価格以上で国債を日銀に売っていることを示している。そのため、この系列こそが国債取引きによる民間の真の利益であるという話である。

もちろん、これ以外にも年々の国債利子を民間は得ているが、こちらの系列の方がはっきり示されていて良いと山田氏は主張している。２０２１、22年度に若干減少したのは金利が少し上げられて国債価格の上昇が抑えられたこと、またその金利上昇を避けるため市中の国債を日銀が大量に購入したためと思われる。23年４月のニュースではこの日銀の無制限の国債買い付けにより国債の保有残高が５８１兆円にまで膨らんだとされている。

なお、山田博文氏はこうした「国債ビジネス」のウエイトが高まる中で、日本の各種金融機関が本来の「融資」業務から離れ、債券取引差益（キャピタル・ゲイン）狙いの業務に構造的な転換を遂げつつあることにも警鐘を鳴らしている。特に、ここで問題となっている国債の売買取引きはすでに2022年段階で1・7京円の規模に達しており、それがコンピュータ・プログラムを使った100分の1秒や1万分の1秒単位の取引きとなることによってとても個人投資家が勝負できるようなものではなくなっている。つまり、巨大金融機関しかまともに関われない独自の業務部門となってきているのである。

これではたとえ利益が上げられているとしても、日本の金融機関の「本業離れ」の方が心配である。前章では日本の鉄道業や製造業が「本業離れ」をして不動産企業化していると述べたが、同じ趣旨からの心配である。

†異常な円安誘導もこの戦略の一部

こうして本章の主な主張は赤字財政による大幅な国債発行がインフレを通じて労働者に不利な所得分配をもたらしていること、また、大規模金融機関の特殊利益ともなっていることである。なので、やはり前の二章と同様、結局は社会に存在するさまざまな利害関係

グラフ 3-5　政府債務残高の国際比較（対 GDP 比）

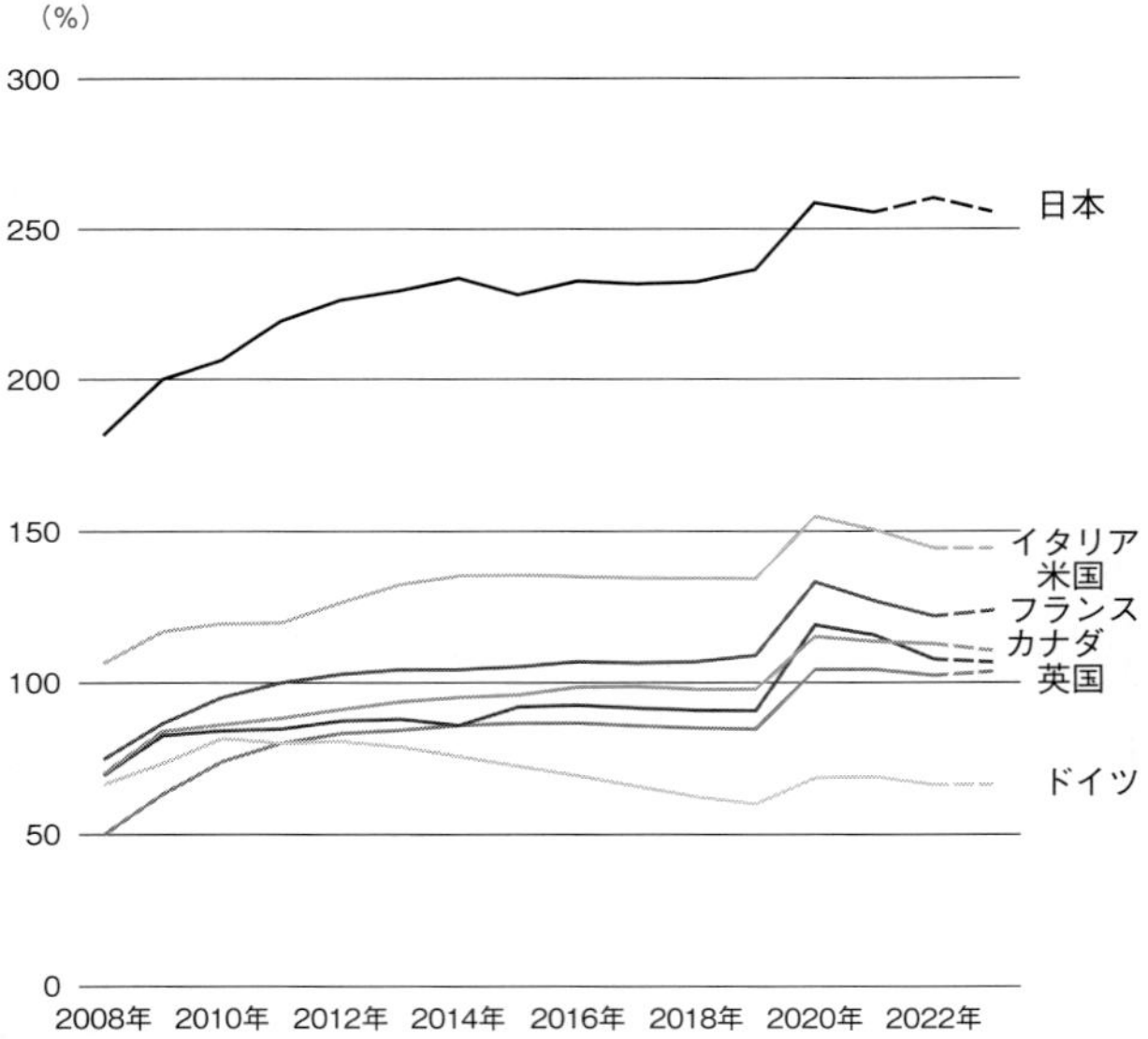

IMF "World Economic Outlook"（2023 年 10 月）
数値は一般政府（中央政府、地方政府、社会保障基金を合わせたもの）ベース。
日本は、2022 年及び 2023 年が推計値。それ以外の国は、2023 年が推計値。
財務省主計局（2024）「我が国の財政事情（令和 6 年度予算政府案）」p. 12 より作成

グラフ 3-6　政府純債務残高の国際比較（対 GDP 比）

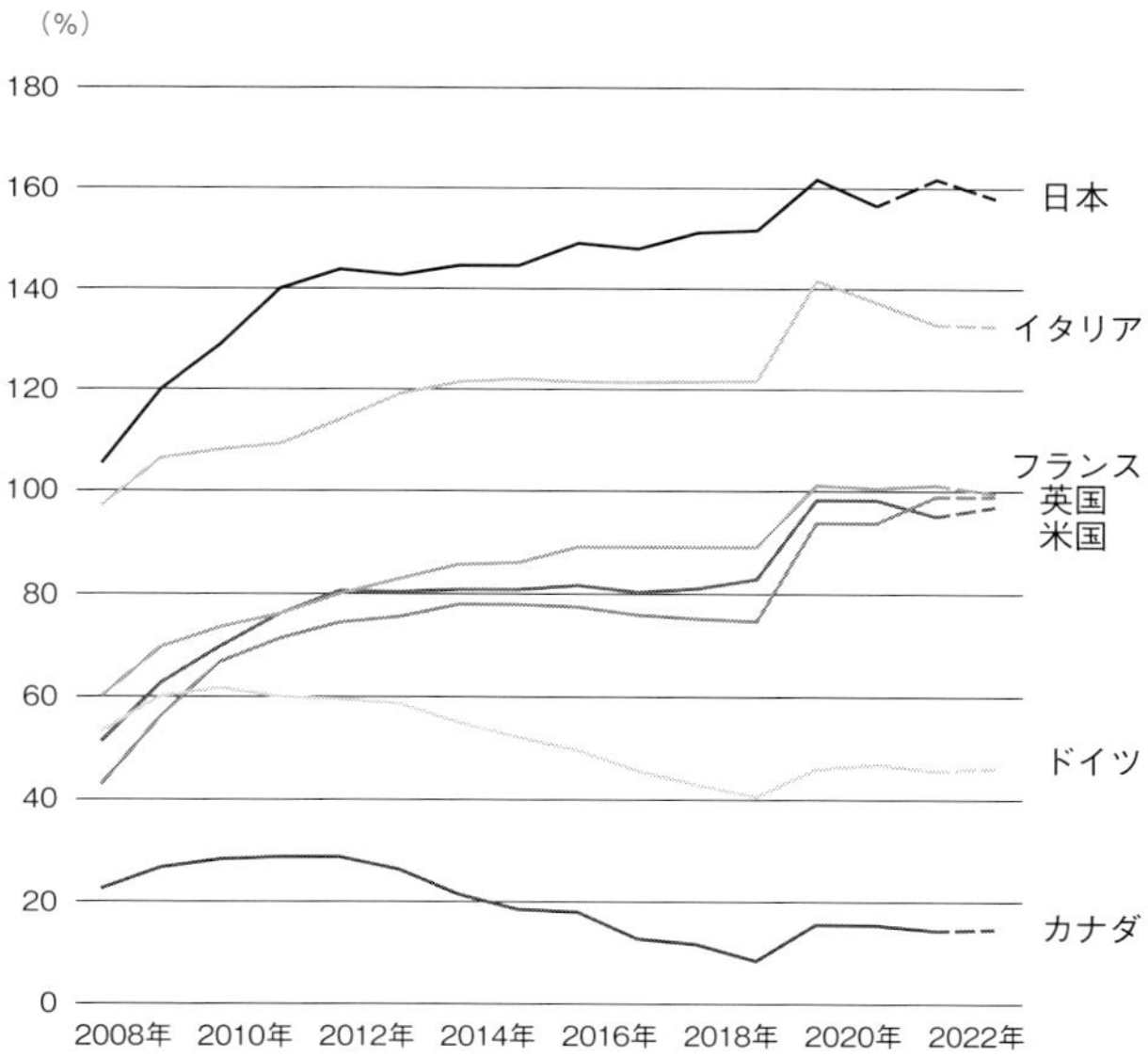

IMF "World Economic Outlook"（2023 年 10 月）

数値は一般政府（中央政府、地方政府、社会保障基金を合わせたもの）ベース。

日本は、2022 年及び 2023 年が推計値。それ以外の国は、2023 年が推計値。

純債務残高は、債務残高から金融資産（通貨・預金、負債証券等）を差し引いたもの。

財務省主計局（2024）「我が国の財政事情（令和 6 年［2024］度予算政府案）」p. 13 より作成

の中でこの問題を論ずることとなっている。

ただ、そうは言っても、一歩離れてみた時、財政危機が顕在化してギリシャのようになってはやはり「全国民的」に困る。たとえば、いま、国民の年金はGPIF（年金積立金管理運用独立行政法人）によって運用されて何とか持ちこたえているが、債券価格の暴落が起きれば、GPIFも崩壊して年金支払いができなくなるかもしれない。恐ろしいことである。そうしたカタストロフィックな崩壊だけでなく、先ほど述べたような金融機関の「本業離れ」といった日本経済の構造上の問題も（日本経済の「不動産化」の問題と同様）やはり「全国民的」な深刻な問題と言わざるを得ない。

であるから、その趣旨から、本章としては最後に、こうした財政危機の問題が「日本売り」として現れる円安誘導とも関わっていることを述べておきたいと思う。問題は実は、日本政府の債務軽減のために「円安」が戦略的に選択されている可能性もある、というところにある。

実際、2つのグラフ3-5とグラフ3-6を比べて分かることは、政府債務残高は債務から債券を引いて計算しなければならず、日本には「アメリカ国債」という多額の債権があるということである。日本政府は2023年7月時点で1兆1000億ドルほどの米国債を保有していて断トツ1位だからである。

といっても、これだけの国債を買うために日本国内で国債を発行していた（ついでに利子を払っていた）のであるから、どういうこと？　とも思えるが、それはさておきこうして持っている米国債の円価値は円安によって増えている。実際、現在の円安が始まり出した21年初頭あたりから日本政府の「債務マイナス債券」の残高が減少しているのである。

たとえば、19年12月末に７０２・７兆円あった一般政府（政府プラス自治体プラス社会保障基金）の純債務残高が22年6月には６８５・６兆円に縮小している（文献リストに示した星野卓也氏のレポート参照）。これはこの間に大幅に日本国債が発行されたにもかかわらずである。つまり、政府債務の削減には円安という奥の手もあったということになる。

であるから、この意味で、日本財政が破綻に向かって進めば進むほど、円安を推し進めようとの圧力がかかるということはありうることである。ただ、その場合、その「円安のコスト」も同時に考えなければならないことになる。これは前章末に論じたことである。

さらにまた、前章末では、その「円安」が「途上国化戦略」とも言うべき「国家戦略」になってしまっているのではないかと述べた。それがいま、前章で述べた趣旨とメカニズムだけではなく、本章で述べたような目的ももってもし進められようとしているのであればいよいよ大変である。

私たちは何も知らされないままにこうして「途上国人」化させられつつある。このことを「全国民的危機」と表現せずにいられようか。政府財政のあり方をめぐる対立の背後にある様々な社会階層の利害の相違と対立を本章では見たが、それに止まらず「全国民的問題」として捉えなければならないことを確認しておきたいと思う。

第四章

地方経済の崩壊を期待する原発企業と軍事基地

†能登半島地震で志賀原発が動いていたら

2024年の正月は京都の実家に帰っていたので、1月1日の能登半島地震は京都で経験することとなった。震源地から京都まで距離が遠い割には大きめの震度2の揺れがあり、とっさに思ったのが「原発は大丈夫か」という心配であった。若狭湾には多数の原発が並んでいるからだが、能登半島の西側中部にある志賀原発1号機も2号機も、幸運なことに、この日稼働していなかった。志賀原発はすぐ近くに少なくとも4本の断層が走り、その直下の断層を活断層と分析する専門家もいる。活断層ではないかとの疑いのために、2011年の福島原発事故以降、稼働できずにいた。もしその疑いが指摘されず、稼働中に震災

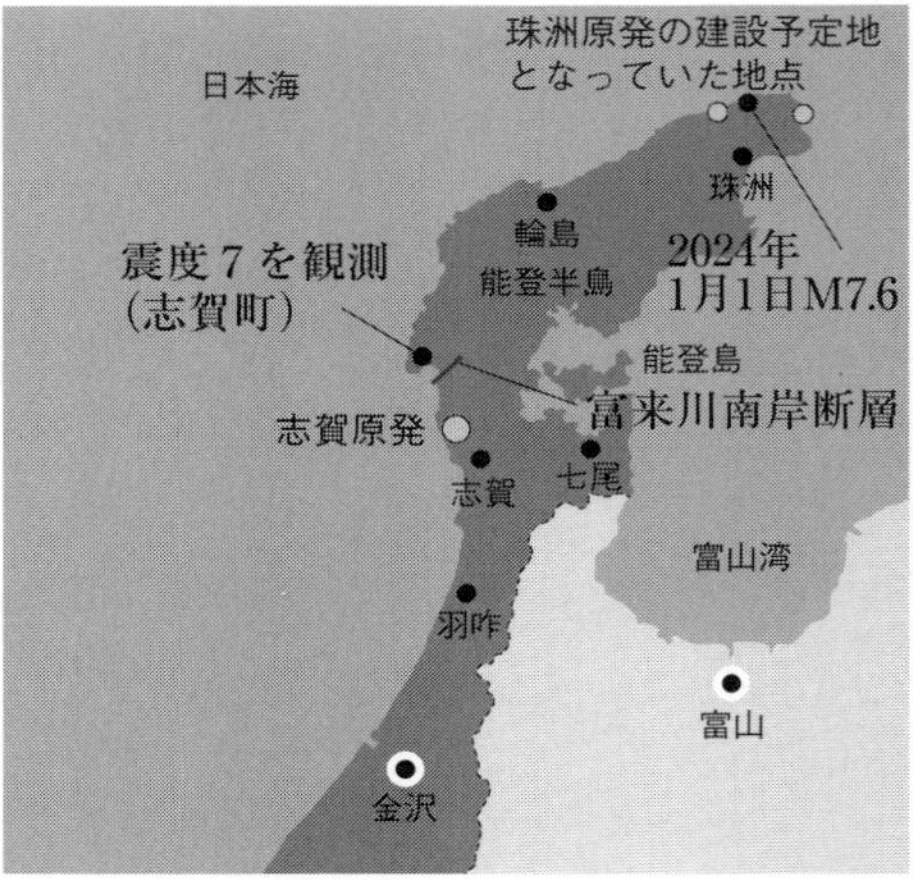

地図　能登半島地震震源地

が発生していたらどうなっていたかと背筋が寒くなる。

この地震では、志賀原発１号機の原子炉建屋地下２階で震度５強相当の揺れを観測、２号機の変圧器から約２万リットルの油が漏れ、一部が海に流出した。１、２号機の使用済み核燃料プールの水も外部流出はなかったというが、４２０リットルあふれている。そして、過去には、北陸電力が志賀原発１号機の重大事故を隠していたと知ってはいよいよ背筋の寒さは増す。１９９９年にも制御棒３本が脱落して臨界事故を起こしていたのだが、北陸電力は２００７年までそれを隠していた。２００６年完成の２号機の建設・稼働のために隠していたという。

原子力資料情報室の上澤千尋氏は「東京新聞」１月５日付で原発の稼働停止から長期間

が過ぎて使用済み核燃料が十分冷やされていたことも今回、幸いしたと述べている。実のところ、この志賀原発を再稼働させるかどうかは地元志賀町では重要な問題で、23年12月24日には再稼働を公約とする町長が選ばれたばかりだった（震災後に慎重な姿勢）。だから、実は再稼働直前の非常に危ないぎりぎりのタイミングだったということになる。

だが、実のところ、能登半島の原発問題はこの志賀原発以上に、まさに震源地の真上に新たな原発が建てられようとしていたことの方が重大と言える。1975年に発表され、2003年の計画凍結に至るまで、28年間も現地住民の長い反対運動が続けられてきた珠《す》洲《ず》原発計画である。

「東京新聞」2024年1月23日付によると、関西電力による原発視察という名目の接待旅行や、芸能人を招いた住民向けコンサートをはじめ、地元の祭りで使う奉灯「キリコ」の収納庫や農作物の保冷庫などを建てるための多額の寄付もあったということである。いっぽう、反対派が営む雑貨店に対する不買運動が起こされたり、反対運動のリーダー宅への無言電話や電話盗聴などの嫌がらせもあったということであるから、なおさら「建設反対で頑張られた人々に感謝したい」との声が聞かれるのも当然のことである。ともかく、能登半島地震は、福島とまったく同じかそれ以上の原発事故を発生させてもまったく不思議ではなかったと思い知らされる。

†原発問題は世代間対立の問題

正直申し上げて私のこうした原発の危険性についての認識も福島事故以前には全然十分ではなかった。

チェルノブイリ原発事故は旧ソ連の技術や管理制度の問題であって……と軽く考えていたのだが、福島原発の事故の後、その廃炉と汚染水処理のためのコストは70兆円にも上り、さらには放射性廃棄物の事後管理が途方もない長期にわたることを知ってしまった。放射性廃棄物にはいくつかの種類があって一律ではないが、その半減期は技術的にどうこうできるものではなく、数十万年単位の話である。そして、仮に「1万年」と短く考えても、縄文時代からいまに至るほどの長さである。神話上の神武天皇もまだ存在していない。気の遠くなるような期間を意味しており、そんな先の子孫にまで私たちはいま使った原子力発電のゴミを安全に管理させようとしている、ということである。これははっきり言って仮定の話ではなく、必ずやってくる話である。

実際のところ、1万年後、10万年後にも日本という国が残っていたら……という話であるが、この「管理施設」をどこに作るかさえ決めないままに原発の再稼働を始めるというのだから事態はもっとひどい。だいたい1万年や10万年も経てば日本列島がどんな形をしているかさえ分からない。

そして、最後に言わなければならないことは、これが世代間の問題だということである。もちろん、何万年も先の世代のことなど考える必要がないとおっしゃる方もおられようが、その何万年も先まで、ずっとこの核廃棄物の保管管理をさせようとしているわけで、私たちの世代が私たちの責任で何がしかをするのでなく、それに伴う責任を完全に放棄するような形となっていて、倫理的に許されるのかどうか疑問である。

また、福島原発の事故処理に今後も数十年はかかるというのも重要である。いまの若者、これから生まれてくる人たちへの負担の押し付けだからである。本書は人口問題から説き起こしているので、強調させていただきたい論点である。

†能登半島は人口減少地区の典型例

それでまた話を能登半島に戻すが、実はここでも「人口減」は事柄の本質と深く関わっている。というのは、能登半島は激しい人口減が予想される地区のひとつだからである。

国立社会保障・人口問題研究所による能登半島の人口予測では、原発のある志賀町の2050年の人口は2020年の46・9％に縮み、原発計画のあった珠洲市は39・3％、隣接する輪島市も43・7％とされている。

ちなみに、福島原発事故のあった浜通り地区の将来人口は計算自体がされていない。国立社会保障・人口問題研究所には、どうにも予測しようがない地区ということで、大熊町のように事実上消滅したと言える自治体もある。福島県の大熊町のホームページには、もとからいた住民約1万人の「避難先」リストが人数別に記されているが、23年5月9日付けの数字では、町内に住むのは545人、431世帯のみとなっている。一世帯当たりで1・26人というのは、「家族」として、そこで住めない状況にあることを示している。いずれにしても、福島原発の立地地区もまた、もともと激しい人口減少地域であったということである。

したがって、ここで本書が指摘しておくべきことは、人口減と地域の貧困の結果として、原発の立地が行われてきた、ということである。人口が多く地域経済が元気なところに原発計画は持ち上がりにくい。逆に言えば経済基盤が弱く貧困化が進み人口が減っているような地域では、原発に頼ってでも地域経済を立て直そうとの志向性がでてくる。要するに、貧困が原発立地の決定的な条件となっているのである。確かに、能登半島の志賀町でも珠洲市でもそこが重要な争点となり、町長選や市長選などでは経済重視派が原発推進を主張し、安全や環境などを重視する人たちが原発反対を訴えていた。

実際、先に述べた珠洲市での関西電力による住民の囲い込みは主に広義の経済的誘導策であるし、こうした策略を巡らせることを政府は法律的に許容してきた。大手電力会社の電気料金が以前は完全に（現在も「時限」で）、政府によって規制されてきたのであるが、その計算用法が「コスト」×（1＋利益率）となり、異常な「囲い込み経費」も電力会社のコストとして計上することが認められるようになっていたからである。

この場合、「地域対策費」との名目による支出は、利益からの支出でなく「経費」とされ、もしそれがいかに膨れ上がっても利益が増えるだけ、という計算方法となっている。私に言わせれば、こうした計算方法を許容した政府委員会（旧公益事業委員会）の〝学者委員〟の問題でもあるが、ともかく、この結果、先に見たような異常な「地域対策費」は何と電気料金に上乗せされて国民に払わされてきたのである。私は福島原発事故の後、その様子を知りたいと福井県敦賀市の敦賀原発誘致時の「地域対策費」の使われ方の（事後）調査をしたことがあるが、そこでは地域住民に1万円ずつばら撒かれていたと聞いた。

実際、このように1人1万円と聞くと、人口が少なければ少ないほど電力会社にとってありがたい、ということになる。そのため、ますます地方の人口減を電力会社は喜びかねないこととなるが、人口が半減するような田舎の状況をお伝えするために私の体験を述べておくのもよいかもしれない。海辺ではないために原発のターゲットにはされなかったが、私の生家のあった京都府の田舎町も相当の人口減少地域だからである。

先の国立社会保障・人口問題研究所は、この村の人口が2020年の3478人から2050年の1306人になると予測している。私が子供の頃は6400人だったので80年ほどで5分の1になるということである。3478人まで半減したこの生家の村を数年前に2、3度訪問したが、村には空き家がどんどん増え、もともとあったある集落は限界化しつつある。都会にいるとなかなか想像できないのであるが、およそそのようなこととなった自治体での原発誘致となっているということである。

ちなみに先の人口予測は2020年から2050年までの間に人口が50%未満となると予測される自治体が全体の2割に達するとしている。第一章で述べたように、この予測も甘すぎると私は考えているが、その甘すぎる予測でさえ自治体の2割は半減としているのである。

†企業城下町の環境汚染隠し

ともかく、こうしてもし、資本主義が原発を必要とするのであれば、それは同時に貧困を必要とする、ということになる。あるいは逆に言って、貧困のない社会は原発のいらない社会でなければならない、ということにもなる。これはもっと原理的なレベルで、本書第Ⅱ部で検討するが、こうした資本主義の本質を確かめるために「原発」以外でも同じことが言えることを述べておかなければならない。具体的には企業城下町の環境汚染隠蔽《いんぺい》問題と、米軍・自衛隊の基地誘致問題である。

そこでまず、企業城下町の環境汚染問題だが、これは古くは熊本県水俣市と新潟県阿賀野川流域で発生した水俣病、富山県の神通川流域のイタイイタイ病や三重県四日市の四日市ぜんそくをその典型とする。

四日市ぜんそくについては以前、少し調べたことがある。これは先に挙げた他の3公害とは違って、石油化学に関わる複数企業によってもたらされた大規模公害である。近鉄四日市駅前の「公害と環境未来館」の展示はよくまとまっており、おおよそのことを知ることができる。私も同館で目にしたショックな映像に心を動かされた。母親に背中をさすられている幼い女の子、谷田尚子さんはその後、残念ながら9歳で亡くなってしまう。他にも亡くなられた児童はいて、もしこれが自分の子だったら……とこの映像に胸を痛めない人はいないだろう。

通常の「企業城下町」とは、ひとつの企業を中心にその取引先や関連企業が集まり構成された街を言う。四日市ぜんそくの原因となった企業は旧昭和石油や三菱系石油化学企業など少なくとも6社あったので、企業城下町の定義とは少し違う。だが当時、地域を支えていた繊維産業が衰退する中、旧海軍工廠跡の有効活用として、石油化学企業の誘致しかないと考えた行政の姿勢は、他の企業城下町の形成過程とまったく同じである。こうした企業の誘致に邁進した当時の九鬼喜久男市長は「四日市は石油化学関連の企業の城下町。それが嫌なら出ていけ」と発言している。繊維産業という地場産業衰退による貧困化が、この背景にあったということになる。

それからもうひとつ、熊本県水俣の例も少し解説させてもらいたい。水俣病告発者への住民からの批判に、当初は非常に厳しいものがあったのは、市の税収の半分以上がチッソという特定企業関連のものだったからである。公害であることがほぼ確定してもなお、また新たな患者が訴え出た際にも、他の住民が患者を非難、ひどい場合は患者とその家族が差別された。住民が企業利益に絡めとられていたわけである。

また、水俣病は、河川から海へ垂れ流されたメチル水銀を含む海産物を食べたことが原因とされ、日常的に地元の魚介類を口にした漁民から症状が出始めているので、彼らが差別のターゲットになっている。罹病していない住民にとっては罹病した住民こそが悪いというような転倒したあり方で、汚染企業でなく患者が怒りの矛先とされたということになる。その後、被害が拡大する中で、漁民以外でも、それこそ水俣の出身というだけで、結婚や就職の差別が生じるということもあった。最近の裁判であっても、水俣病の補償にまつわる認定申請が進むと、「にせ患者」がいると批判する者さえおり、現在も進行中の問題である。

ともあれ、ここで申し上げたいのは、経済利益をもたらす企業への「地域依存」、そして、そのさらにバックにある「地域の貧困」である。たとえば再開発が進む東京都心のような豊かな地方では、そのようなことがまずないが、すでに述べたようなマンション価格の高騰という形の矛盾が生じている。日本全体でみると、一方における富の蓄積が、他方における貧困となって現れる国となっているということである。

†反対するには「元気」が必要

沖縄では翁長雄志、玉城デニーという知事2代にわたって何度も何度も米軍の新基地建設に反対する意志表示がなされてきた。2024年も沖縄本島中部のうるま市に予定されていた陸上自衛隊の訓練場建設を断念させるに至っているが、私に言わせると、それができた決定的な条件に、沖縄の「元気さ」があるように思われる。

沖縄県は、都道府県別の年収調査では、最下位であることが多いのだが、日本で人口が増えているのは何と東京と沖縄だけである。2020年から2023年10月1日までの変化率では東京がプラス0・38%、沖縄がプラス0・07%であった。大きな人口増ではないが、増えているのが東京と沖縄だけであるというのが重要である。

2024年2月に久しぶりに沖縄本島を訪問した際にも、その元気さをいくつか体感することができた。

たとえば、北谷町《ちゃたんちょう》の「美浜アメリカンビレッジ」という商業エリア（写真）は返還された元米軍飛行場を再開発したもので、2004年にほぼ完成。翌年には830万人が来訪する施設として繁栄している。地中海を思い起こさせる綺麗なビーチを有する一種のテーマパークとなっていて、私の知り合いの琉球大学の教授も以前彼女とのデートでよく来たといっていた。人口が増える地域には、県民の平均収入などでは推し量れない「元気さ」がみなぎっている。それが「豊かさ」さえ感じさせてくれる。

にぎわいを見せる北谷町の美浜アメリカンビレッジ。筆者撮影

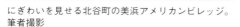

であるから、私がここで思うのは、沖縄県民が何度も「新基地建設NO！」と言い続けられるのは、その背景に「元気さ」があるからではないかということである。沖縄の場合は、国内・海外観光客を引き付ける観光資源があり、また物理的に経済成長している中国との近さをうまく利用できていることも大きいだろう。

ただし、県全体で見れば、新基地反対がうまくいっているとは必ずしも言えない。現在は沖縄最南端の先島《さきしま》諸島への、中でも宮古島への自衛隊の配備が急ピッチで進められている。「台湾有事に備えて」という国を挙げての大規模な〝防衛キャンペーン〟に抵抗しにくくなっているということもあるが、それだけではない。基地誘致派の主張の中心が、「自衛隊が来れば県が潤う」という、経済の論理となっているのである。

2024年5月に私は宮古島を訪問し、反対運動している市議会議員たちからヒアリングを行ったが、かつて7万2000人いた宮古市の人口が5万5000人前後に縮小し、市内の目抜き通りもシャッターを閉めた商店が目立っていた。サトウキビ価格の低迷による農家収入の低迷や建設業に偏った島の産業構造も「推進派」の論理を後押ししていることを知った。

さらにまた、本心では基地建設に反対だが建設に関わる知人が多いと、どうしても表立って反対運動に参加できない、という宮古島の現状を紹介したレポートも目にした。宮古島で建設中の多くの基地の中でもっとも争点となったのは旧千代田カントリー・クラブ跡地だが、そのゴルフ場の経営破綻が大きかったと書かれている。

宮古島に新たにミサイル部隊が配置された陸上自衛隊宮古警備隊。筆者撮影

宮古警備隊基地前に掲げられた反対派の横断幕。筆者撮影

†都市の利益は、農村の貧困から

以上をまとめると、地方経済の不調が、原発や公害企業や軍事基地の誘致を決めてきたということ、それらの建設には「貧困」が必要なことがわかる。つまり、もし資本主義というものが（少なくとも）原発や軍事基地というものを必要とするのであれば、どこかに貧しい地区を作らなければならないわけで、それが構造としての必要条件となっている。

ここでは述べなかったが、実のところ、「戦争」自体もそれに従軍してくれる兵士が必要なわけで、それ以外に働き口のない貧困層なしに危ない戦争は遂行できない。特にこの問題は私が2002―2003のアメリカ留学中、イラク戦争への大規模な反戦運動の中、兵士となった息子を持つ在米日本人の母親との交流によって痛感した（『グローバリゼーションから軍事的帝国主義へ』大月書店）。時には正真正銘の貧困のために、時には何が何でもグリーンカード（アメリカ永住権カード）を取得するために、本当は嫌な兵役を彼らは志願する。いずれにしても、資本主義が頑張ってすべての人々を豊かにしようとしているのではない。逆にその体制を維持するために人々（一部の人々だが）に貧しくなってもらっているということなのである。

この問題は「都市の利益」のために「農村の貧困」が形成されるという意味で、都市と農村の対立の問題でもある。

都市と農村の対立という視点は、マルクス理論において非常に重要なテーマとなっている。その検討のために、マルクス、エンゲルスの諸著作の中で最も早くこの問題を論じたエンゲルスの著作『イギリスにおける労働者階級の状態』の議論を紹介しよう。エンゲルスがこの本で力説したのは、無秩序な都市人口の密集による疫病や道徳的堕落の問題であるが、そうした都市の否定的現象の原因には「有産階級の利益」が直接的に関わっている、つまり、工業が立地する都市への労働者の集中は「有産階級の利益」のためになされている、ということを強調している。つまり、労働者に起こる悲惨な諸問題は、それによって利益を得る金持ち階級のために起きていることになる。

これは原発や公害企業、軍事基地と共存しなければならない人々の悲惨と種類は違うにしても人口移動に伴う帰結であるということでは話が共通している。

「大都市はまったく自然に成長したのであり、人びとはまったく自由意志で移住してきたのである。……すべての災いをこの一見したところ不可避な原因に転嫁しようと思いつくことは、支配階級にはまったく容易なことにちがいない。」(岩波文庫版、上巻233ペー

ジ）

これは要するに、人口密集による疫病や道徳的堕落が生じたのは自然で不可避なものであって支配階級の責任ではない、と言っているということである。本書がここで述べていることに言い換えると、地方人口の減少（いうまでもなく都市への人口流入で加速される）は自然で不可避なことなので、我々（支配階級）がわざと作り出しているのではない、という主張となる。

だが、もちろん、エンゲルスの当時に都市に人々が集まったのはそこにしか雇用がないから、つまり「雇われたいなら都市に来い」と資本家が言ったからである。そして、いまもその傾向は途切れることなく続いているがために、都市での天井知らずなマンション価格高騰と、いまだ底知れない地方経済の崩壊が起きているのである。

ここで忘れずに言っておかなければならないのは、総体としての人口減もまた「自然で不可避なものではない」ということである。低賃金状態に若者をおいているがゆえに彼らが結婚し子供を作ることができなくなっているのである。理由もなく労働者が都市に移動したのでも、結婚しなくなったのでもない。

であるから、エンゲルスが問題とした都市の人口密集問題も、現代日本の過疎化と地方の経済崩壊の問題も、実はまったく同質の問題である。エンゲルスはその時代、都市の人口密集がもたらした疫病や早死にを問題としたが、現代風に言えば家族を持ちえないほどのマンション価格高騰、都心マンションの狭さが、そもそも生む子供の数を減らしているということが、驚くほど似ていることを知っておきたい。

こうして資本主義は、地方経済の崩壊をもたらすことによって原発立地や軍事化を進めているが、これを言い換えると、一部の人間に貧困を押し付けるシステムが狭い意味での「貧困」をもたらすだけでなく、社会を非常に危険な方向へと導いているということになる。これもまた「全国民的危機」のひとつではないかと考えるのである。

第Ⅱ部

貧困の原因を解明した『資本論』

第五章　中間層の貧困化で始まった資本主義

†「雇われる以外に生きていけない」状況

第Ｉ部では現在の全国民的危機がすべて「貧困」と関わっていること、人口減やバブルもまたその帰結であることを縷々述べたが、なぜそうした「貧困」が必要とされるようになってしまったのだろうか。ここからは、それが「資本主義」の根本にある社会制度に関わっていることを述べたい。

資本主義は封建社会の行き詰まりを打開するためにあらわれた新しい社会制度で、よって人類を豊かにすること、人口停滞から増加への転換を生みだすものとして始まったが、それは同時に社会の一部にどうしても「貧困」を形成せざるを得ないものだった。誰かを雇って事業を展開しようとする人々（資本家）がいれば、他方でそうした人々に雇われる人々（労働者）がいなければならないからで、その後者の人々は「雇われる以外に生きていけない」状況に置かれていることが必要となるからである。

ただし、この状況は資本主義が始まる前には存在しなかった。その時代、人口の大多数は農民だったが、事実上、「土地持ち農民」となっていたので、誰かに雇われなければならない状況になかったからである。だから、ここで資本主義が開始されるためには彼らが「土地持ち」でなくなる必要があった。『資本論』はこの過程を「本源的蓄積過程」と呼び、第1巻の最後のところで詳細に分析している。

特にこの説明は具体的には資本主義の母国イギリスについて、行われる。イギリスの場合、ヨーマンリーと呼ばれる独立自営農民がすでに15世紀までに現在とそう変わらない独立した自営農民層として成立したが、2度にわたる「エンクロージャー運動」で土地を奪われることとなった。「エンクロージャー＝囲い込むこと」とは、農民の追い出しが農地を柵で囲むことでなされたことから名付けられたものである。

具体的にはこういうことである。15世紀末から16世紀にかけてのその第1次の「エンクロージャー運動」では、羊毛価格の高騰に反応して「農地」を「牧羊地」に転換しようとした領主＝貴族層が、わずかに残されていた封建的な「領主権」を使って農民を土地から追い出すものだった。農民が土地に居座っていると牧羊地への転換ができないためである。これらの土地は農民のものでもあるから、これはどう見ても領主権の乱用で、強い反対を押し切って行われた暴力的過程だった。

またこの過程で、当初は国家がその動きに反対したことも重要である。国家としては領民の減少を不利益と感じ、その減少を招く「エンクロージャー」を避けようとしたためであるが、その結果、ここでは「国家の暴力」ではなく「封建遺制の暴力」が役割を果たすこととなった。

ただし、こうした「運動」を抑制しようとした国家の態度もその後、王の交代や名誉革命後の王政復古によって変化し、17世紀後半—18世紀には議会立法を通じて「第2次エンクロージャー運動」がとり行われる。ここでは穀物価格高騰を見た地主と農業資本家が農民たちの共有地を再び囲い込んで奪うということをした。

ともかく、重要なことは、ここでは「雇われる以外に生きていけない土地なし農民」を資本主義がどうしても必要としたということで、それを「農民からの土地の取り上げ」によって実現したということ、それが暴力によって実行されたということである。頑張って働いた人が蓄財して資本家になった、と世間では言われていて、それは多くの場合、事実である。だが、そうした人々も雇う相手がいなければ、「資本家」になれない。そして、その必要が農民から土地を奪うことによって満たされた、農民の貧困化によって実現したということである。

†強制的な貧困化

実のところ、イギリスにおける資本主義のこうした形成過程の分析が『資本論』第1巻第24章でなされた後、「近代植民理論」とのタイトルを持つ第25章がその趣旨をより鋭く、またより明確に示している。その章が「いわゆる本源的蓄積」とのタイトルを持つ第24章と別に書かれているため、別の目的をもった章と捉えられがちであるが、その趣旨はまさにいま述べたところにあった。つまり、植民先で農民たちが簡単に土地を得られるようであれば彼らを賃金労働者にさせられないという問題、したがって彼らにどうしても土地を持たせてはいけないという問題が19世紀の〝新大陸〟で発生してしまったからである。

たとえば、3000人もの労働者を生活手段や生産手段とともにオーストラリアに連れて行ったピール氏という人物の話をマルクスはここで紹介しているが、このピール氏は彼らの誰をもその移民先で労働者として雇うことができなかった。このことにピール氏はたいそう怒っただろうが、その原因をマルクスは客観的に分析していて、「これはイギリスの生産関係を輸出し損ねた結果」と書いている。つまり、イギリスではすでに農民の土地は奪っていた、しかし、ここ新大陸では奪っていない、そのために彼らを雇用労働者にさせられないのだ、ということである。確かにこれは「資本主義の本質」を衝いている。『資本論』第1巻を締めくくる最終章にふさわしいものと言える。

実際、この結果、これら植民地で資本主義を根付かせる目的で動いた経済学者エドワード・ギボン・ウェイクフィールドは「彼らを土地持ちにしない」がための国家の強制装置を思いつき、提唱している。政府が新大陸の土地の売買に介入して（自由競争に基づく価格決定を阻害して）土地価格を吊り上げ、新移民が簡単に土地を購入できないようにすべきだとの提言で、さらにはこれで得た国家資金も労働者となるべくやってくる貧民の確保のためにつかうのが良いとしている。ウェイクフィールドはこの方策に「組織的移民論」という名前を付けているが、「ある人は自由な選択の結果資本家になり、ある人は自由な選択の結果労働者になった」というような牧歌的な話でないことだけは確かである。

だから、ここでこの話を中間的に総括させていただくと、資本主義の成立における強制的な貧困の形成（土地の没収あるいは私有化の阻止）がポイントとなり、マルクスはそれを第24章では主にイギリスについて述べ、第25章ではアメリカとオーストラリアについて述べたということになる。

ところでこれら3国はともに「自由の国」とイメージさせられている。私たちはえてしてナチスドイツや戦前期日本の軍国主義、さらには旧ソ連のスターリンをして「暴力的な工業化過程」と理解しているが、「自由の国」の英米やオーストラリアでも資本主義の開始には「反自由主義的」な暴力が決定的な役割を果たした。英米豪が良い資本主義で日独（ソ）が悪いそれだといった表面的な相違に注目するのではなく、どちらもが資本主義、資本主義ならどこでも最初は同じく暴力的であった、という理解が重要だということになる。

実際、「組織的移民論」を展開したウェイクフィールドは「自由主義者」だったので奴隷制の導入には反対していたが、さきのピール氏の例を考えた時、アメリカ南部のような黒人奴隷制が導入されてしまった理由もよく理解することができる。ギリシャ、ローマ以降に「廃止」された奴隷制も、ここでは再度の導入がなければ大規模農業を当時展開することができなかった。いま述べたように新大陸ではいくらでも土地があったからである。

だが、もちろん彼ら黒人奴隷は自立しておらず、よって土地を購入できなかったので奴隷主に従属し続ける以外になかった。言い換えると、近代の労働者はなんだかんだ言っても一個の自立した経済主体として登場した存在であって、それを「雇用労働者」の状態のままにしておくのは簡単ではなかったということになる。つまり、正真正銘の奴隷にするか、それができなければ「別種の強制措置」を講ずるしかなかったのである。ウェイクフィールドは主にオーストラリアで活躍したので、その後者の道をたどった。永らくオーストラリアが「白豪主義」という方針を採れたのもそのおかげである。

とはいえ、ともかくここで抑えておかなければならないことは、単純である。資本主義下で雇用される労働者は没落させられた農民であったこと、それは自然な没落ではなく暴力的なものであったこと、そしてまた「資本主義」である限りどの国でも同じであったということである。一部の人々を無理やりにでも貧困化させる、そういう必要性が「資本主義」の開始にあたって存在した、ということになる。本書の第四章で述べたのは、原発や公害企業、軍事基地の成立条件としての貧困の必要性でしかなかったが、『資本論』は、それらをより一般的な次元で論じているということになる。

†下方に分解する中間層

ところで、広義の「原始的蓄積論」を振り返ってみると、そのポイントは当時の主要な産業部門であった農業従事者（農民）の没落であって、もう少し言うと、「土地持ち」だった農民の「土地なし」への転換、つまり貧困化ということになる。この時代、正真正銘の農奴制時代に比べれば、「地代」の金納化によって農民と領主の関係は「借地農業者」と「地主」との間の近代的関係に極めて近くなっており、その分だけ農民たちの地位は向上していた。とは言え、エンクロージャー運動によって「土地なし」にされてしまうと路頭に迷う以外にない。

だが、もちろん、これによってすべての農業が破壊されたわけではないので、彼らの持っていた土地を集約して経営を営む新興の農業資本家など逆に豊かになる農民も出てくる。つまり、農民は上下に「分解」したのであり、この特徴をしっかりつかんでおくことが大事である。重要なので繰り返すと、正真正銘の農奴制時代よりは豊かになっていた農民たちの一部がさらに豊かになった一方で、一部は貧困化したということである。いまふうに言うと、「中間層の分解」である。

とりわけ、この特徴を強調しておきたいのは、現代の各国先進資本主義で見られるのもこの「中間層の分解」だからである。アメリカでドナルド・トランプを熱狂的に支持しているのは白人のワーキング・プアだと言われているが、それも典型である。黒人やヒスパニックという最低辺層ではない。彼らと同じ底辺層に没落しかけている白人層で、これはドイツやフランス、イタリアなどの「極右」支持層もまったく同じ傾向であること、また「移民排斥」がその中心的な主張となっていることが共通する。

実のところ、この特徴は香港や台湾といった東アジアの諸地域でも同じである。2014年の台湾ひまわり運動、同年の香港雨傘運動、2019年の香港逃亡犯条例反対運動はどれも学生が中心を担ったが、学生である以上、大学に上がる余裕のない貧困層とは異なる利益を持つ社会階層である。大陸中国の観光客や資本、そして学生の流入でマンション価格の高騰や大学への入学難などのあおりを食らった若者たちによる「中間層の運動」であった。このため、ここでは「反移民」の代わりに「反中」のスローガンが選択されたのだが、構図はほぼ同じである。ちなみに、この香港の2度の運動の調査に私は合計5回入っていて、「香港は『雨傘革命』で『財界天国』を辞められるか」（『季刊中国』第120号）、「排外主義の世界的拡がりと香港「民主派」――「少数民族運動」との類似点とも関わって」(『研究中国』第12号)などのレポートを執筆した。ともあれ、こうして下方に分解する中間層(「没落する中間層」)に注目をして、「本当の底辺層」との関係を深掘りすると、2つの社会階層間の利害が理論的にも異なっていることに気づかされる。というのは、「本当の底辺層」はそもそも人口再生産のできない層なので、資本主義が常に底辺層を必要とする限り、それはこうして没落する中間層から供給されることになるからである。ここにも人口問題と関わる論点が潜んでいる。

実際、そもそも、前項で述べた「資本の原始的蓄積」は生産手段を持たない社会階層を何が何でも作り上げなければならないという必要性からなされたことである。そして、「本当の貧困層」はいつの時代にも人口再生産ができなかった。たとえば江戸時代の奉公人階級、そして現代の非婚の若者たちである。もし資本主義が「貧困の必要性」をなくさないのであれば、別の分野から新たな貧困層を獲得しなければならない。資本主義が中間層の一部を下方に引きずりおろさなければならないのはこのためである。であるから、この場合、もとから底辺にあえいでいる貧困層と「没落中間層」は同じ労働市場で競合することとなる。

たとえば、もとからの貧困層は、没落する中間層が新規に参入しなければ、人手が不足して賃金があがるのに……との不満を持つこととなる。もちろん、この不満はこの労働市場に新規参入する「没落中間層」の側にも生まれるが、これは当然、時に「外国からの新規参入者」との矛盾をも含む。「移民排斥」はその表れである。アメリカやヨーロッパにおける対立構図はそのパターンと理解できる。

では、この対立、矛盾はどのように解決されなければならないのだろうか。現実の政治経済はまさにこの問題をめぐってアメリカでもヨーロッパでも、香港や台湾、日本でも争われているのだが、マルクス経済学の立場は明確である。「貧困なしに成り立たないような社会を終わらせる」ということである。「没落中間層」と元からの貧困層が争っている場合ではない。そうした人々なしにやっていけないような社会こそが間違っている！　という立場である。この趣旨から再度、本書第I部の4つの章の趣旨を再確認していただければ幸いである。

ともかく、資本主義はこうして中間層の一部を下方に引きずり下ろすということを、その始まりから行ってきた。過去には農民を、またその後の成長期には個人商店などの自営業者（農民と合わせ「旧中間層」と一括される）を、そして最後に現在はその矛先をホワイトカラーなどの「新中間層」に向けている。日本の閉塞感が社会全般に広がっているのはそのためで、この結果、この問題が狭義の貧困層だけの問題ではなくなっている。本書が全体として主張しようと考えている「全国民的危機」の重要なひとつの内容である。

†資本主義「外部依存」の論点

こうして「資本主義の始まり」からの一貫した本質を論じると、資本主義は自分自身で搾取の対象者たる労働者を生み出したのではない、ということに気づく。もちろん、まったく自己再生産していなかったわけではないが、資本主義の開始期には農民の没落によって賃労働者の不足を補い、その後は個人商店などの自営業者を没落させ、いまは外国人労働者という存在に頼ろうとしているからである。

実際、ヨーロッパなどに行くとその様子は一目瞭然である。その地で働いているアフリカやアジアや中東系の人が、そうした人々との間で「階級社会」を作っていることがよく分かる。そしてまた、それを維持するためにも移民を受け入れ続けているわけだが、私はフランス人が、その残存する植民地でも同じことをしていることを最近、ニューカレドニアへの旅行で見ることができた。ここはフランスの海外領土だが、道路工事や清掃は、私が目にした限りすべてポリネシア系住民の仕事であった。白人は海ではクルーザー、陸では乗用車に乗っているが、ポリネシア系住民は仕事にバスで通っている。ここでは本来、白人こそが「外国人」なのだが、白人と現地人の階級社会であるという意味ではヨーロッパと同じである。

しかし、ここで確認したいことは、「外国人労働力への依存」という狭い範囲の問題ではなく、資本主義の労働力が、そもそも外部に依存してきたということである。繰り返しとなるが、それは当初には農村であって、次に自営の商工業者であって、その最後に「外国人」が来ているだけのことだからである。いうまでもないが、この原因は「資本主義の内部」たる労働者への賃金分配が低すぎるために結婚できず、よって人口再生産ができなくなっているからである。

†ローザ・ルクセンブルクの「外部依存」論

こうした「資本主義の外部依存性」の問題について本章の最後に2点ほどの補足をしておきたい。

そのひとつは、外部依存の問題は、マルクス経済学界でも永らく重要な論点となってきたということである。たとえば、ローザ・ルクセンブルクというマルクス主義研究者は、資本主義が①商品の販路、②原燃料の供給、③労働力の供給という3つの理由で非資本主義的な外部を必要とするとした。ローザ・ルクセンブルクがこの主張を提起したのは1913年出版の『資本蓄積論』という書物においてであるから、もう100年以上も前ということになる。

しかし、「資本主義は外部なしに生存できない」との主張はあまりにインパクトが強く、レーニンなどの主流派マルクス経済学から強い批判を受けることとなる。そして、ローザ・ルクセンブルクは再生産表式というマルクス独自の2部門モデルを使って主に①の論点を論じたために、論争は複雑なモデルの構築のやりあいのような様相を呈し、その多くは「ローザの誤り」を指摘するという方向に向かった。ただし、③の点がほとんど議論の対象とならなかっただけでなく、私に言わせると根本のところで『資本論』の理解が不正確だったという問題がある。

というのはこういうことである。『資本論』はその最後の2つの章で資本主義が始まるために「外部」からの労働力の供給の必要性を論じたが、逆に言うと、それ以外の章はそうした条件の成立後に資本主義が自立的に継続するための諸条件を論じたこととなる。つまり、最後の2章は「資本主義が始まるための条件」を論じ、それ以外は「資本主義の自立的継続条件」を論じた。だが問題は、ローザ・ルクセンブルクをめぐるこの諸論争が「それ以外の章」たる『資本論』第2巻第3篇で展開されてしまったということから発生する。こうなると、ローザの主張が『資本論』の解説と合わなくなってしまうからである。したがって、多くの主流派マルクス経済学者がローザの議論に反対したのはある種当然のことではあったのだが、かといって『資本論』が全体として「資本主義が始まるための条件」を論じていなかったわけではない。というより、この「始まるための条件」の形成は資本主義成立後にも現実には続けられたので、「事実」の問題としては、ローザは間違っていなかったことになる。

ちょっと複雑になってきたので再整理すると、「事実」の問題としてはローザは正しかった、少なくとも労働力人口の供給という意味ではまったく正しかったのであるが、『資本論』の解釈としては間違っていた、ないし『資本論』の構成上の理解が不足していた、ということになる。ただし、この問題は、ローザに対してそういう形の反論をしなかった当時の主流派マルクス経済学にも、もちろんあったことになる。

なお、農業経済学の山崎亮一氏によると、②の原燃料の供給は、非資本主義部門である必要がない（『本源的蓄積と共同体』筑波書房、2022年）ので、要するにここでは、①の販路と③の労働力のみが問題の焦点であることになる。その後者の③を強調するのが本書であるということになる。

いずれにしても、現実の資本主義は賃金労働者となる人口の供給を「外部」に継続的に頼ってきた。これは日本の農民人口が1950年ごろの600万戸強から2020年には175万戸まで縮小していることからもわかる。日本の高度成長もまた「外部」に決定的に依存してきたのである。こうした資本主義の本質がローザ・ルクセンブルクの提起以来、100年以上にわたって議論されていることを知っておきたい。

†都市・農村間の対立は階級問題

「資本主義の外部依存性」についてのもうひとつのポイントは、さらに原理的なレベルで「都市と農村の対立」を論じるという問題である。これは前章末である程度論じてはいるが、「都市における人口密集の問題」（疫病や道徳的堕落の問題）と「農村における過疎の問題」（それによる原発や基地の立地などの問題）という「地域の問題」に留まっていた。だが、これは本章のレベルでは「労働力供給の問題」として、再整理できるからである。

実際、本章の焦点は「雇われる以外に生きる術のない人々」をどう形成するか、というところにあった。19世紀の新大陸のような状況であっては困るわけである。そして、そのために農村にいた農民の一部には没落してもらわなければならなかったわけであるから、これは純粋に「階級問題」である。古い「中間層」を下方に転落させることによって、資本家階級が資本主義的に再生産可能な軌道に乗ることができるようになったからである。

言い換えると次のようになる。「農村で作られた貧困」は「都市のためのもの」では本質的にない。その本質は「資本家のため」であって、もっと階級的な問題なのである。

この視点は、「都市と農村」という地域と地域の対立だと捉えられがちな問題への批判として、理解していただければと思う。

第六章　資本主義の継続に必要だった貧困

†年金にまつわる本音と詭弁

　前章で見たように、資本主義はそれを始めるためにどうしても貧困を作りださねばならなかった。だが、その貧困はそうした開始時点で必要であったばかりではなく、その後の成長過程でも不可欠だったことも重要である。

　それは、資本主義の開始にあたって「雇われる以外に生きていくすべがない」人々が必要だったのと同様、その後もずっと彼らは賃金労働者として存在し続けなければならなかったからである。そして、そのため、資本主義の開始期に生産手段を失った人々のその後の賃金も、生存水準を上回って蓄財ができるようなことはあってはならなかった。そうなってしまえば、土地や生産設備を購入して自立した生産者になれてしまうので、もはや他人に雇われ続ける必要、再び賃労働者として労働市場に立ち現れる必要がなくなるからである。

現代における「老後のための貯蓄」なるものも、結局使ってしまう前提なので、真の意味の余剰資金ではない。

ちなみに、これは前節の新大陸のケースと同じである。というより、そうだからこそその例が『資本論』の最終章＝第25章に改めて書き加えられたのであるが、ともかく、この結果、資本主義では常に賃金がある範囲以下に抑えられるということとなった。本書の言葉では「貧困の制度化」ないし「貧困の必要性」ということになる。

ただし、実のところ日本人は、従来、現役世代の貯蓄率が世界的にみても多いとされてきた。国民の貯蓄は、銀行などの金融機関を通じて、企業などに貸し付けられている。この意味で、企業と家計との関係において、総体としての国民は、「資本家」と言えなくもない。この事実はマルクスの時代にはなかったことである。

一方、国は年金が積立方式ではないという宣伝に必死で、その事実もずいぶん浸透してきている。退職後の生活には年金だけでは不十分、2000万円の貯蓄が必要と言うようになって、いままた日本人は老後のための貯蓄に必死である。子供世代に老後の親の面倒を見る余裕はないので、月々5万4520円の収入不足で老後に30年間生きるとすると、

5万4520×12か月×30年≒1963万円≒2000万円

の不足となる。図6-1にあるように、老後2000万円問題は、高齢夫婦無職世帯（夫65歳以上妻60歳以上の、夫婦のみの無職世帯）を想定して計算された結果だが、これは一般的な家庭と言える。

だが、ここで申したいのは、この「年金外の貯蓄」も年金も、その本質は同じということである。現在、企業年金を受け取っている退役世代にとって、それは現役時代に賃金から差し引かれた貯蓄に他ならないし、賦課方式をとっている国民年金も、退役世代は、現役だった時代にその基金へ拠出をしていた。年金基金は、銀行預金や有価証券の形で企業の資金運用に回されているのだが、これはやはり先延ばしされた「生活費」である。

いま支払われている年金の「直接の資金」は現役世代から供給されているとしても、これまでに一定額以上を支払ってきた掛け金は、労働者の実感としては貯金と一緒なのである。これは、本書で言っておかなければならないポイントである。

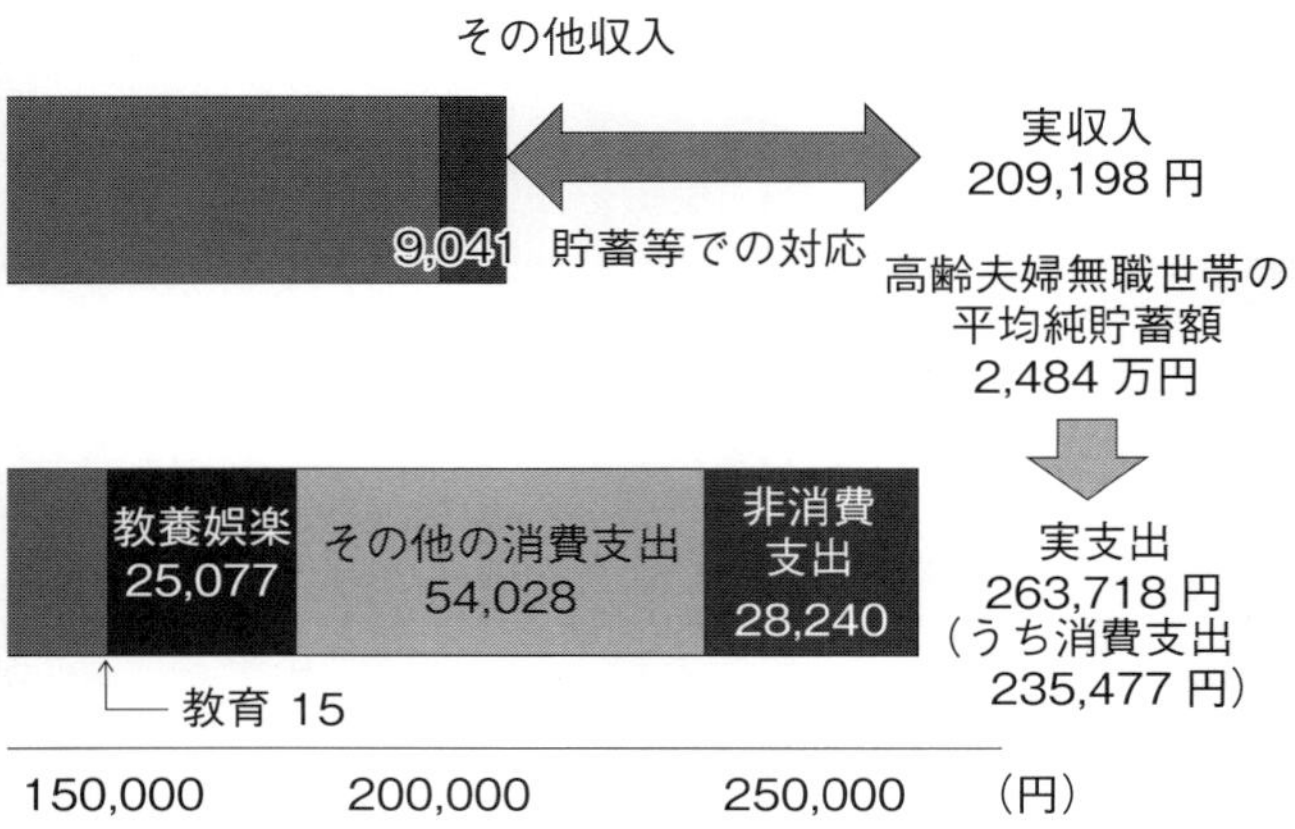

†貧しい労働者は貧しいままに、の失敗

年金も年金外の貯蓄も、その本質は同じであるが、その貯蓄は労働者自身が投資・資金運用をして企業家になるという形ではなく、銀行など金融機関を通じた運用となっている現代社会の特質にも触れておかなければならない。

たとえば、前章で見た資本主義開始期の農民は「土地」さえあれば「賃労働者」になる必要がなかったが、現代ではそれほど単純ではない。「土地」以外にも様々な農業機械や肥料や倉庫などを持っ

図6-1　老後資金の不足額試算

高齢夫婦無職世帯（夫65歳以上、妻60歳以上の夫婦のみの無職世帯）のケース

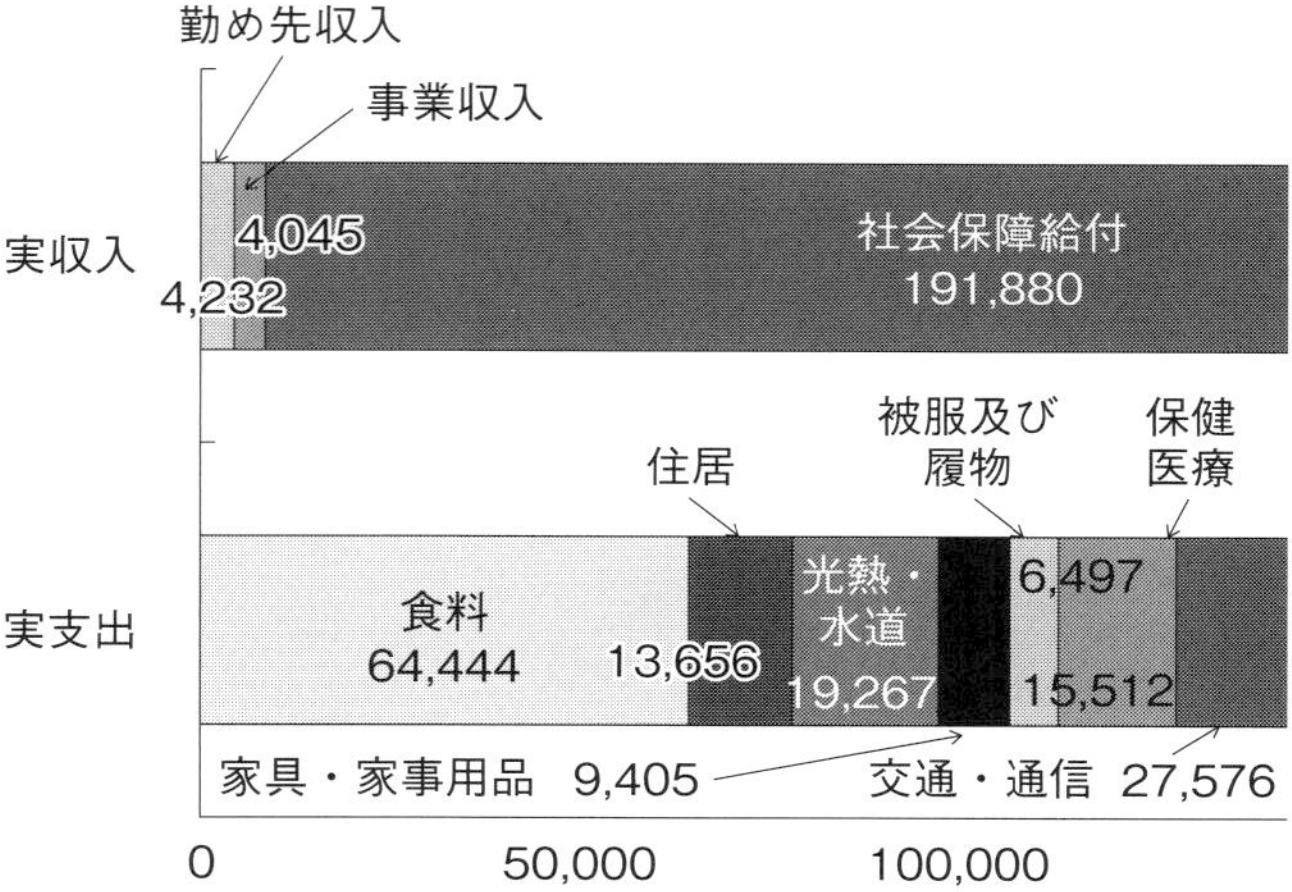

金融審議会「市場ワーキング・グループ」（第21回）議事次第「厚生労働省提出資料」p. 24を一部修正

ていなければ農家経営はできないものとなっていて、農業への新規参入は普通の労働者にはとても無理である。もちろん、発達した大型商業資本と闘える体力を持つ商店の経営も、漁船と漁業権の保有が必要な漁師も同じである。

私の親父は1950年代にラジオを売るだけの電器店を開業して私を育ててくれたが、現代では近所と親戚にラジオを売るだけでは商店として成り立たせることはできない。つまり、農業でも漁業でも商店でも（多分小規模工務店でも）、必要な「必要最低資本額」

が上昇して労働者が簡単に自営業者になれなくなっているのである。もちろん、資本家にもなれない。そして、そのため私たちは「労働者」という地位に甘んじさせられている。そうした地位から脱出する賃金が払われていないからである。

資本主義は賃金を低く抑えることで、貧困を維持する。そして、そうすることで賃金労働者の再生産を実現してきた。だが、忘れてならないのは、こうした「賃金労働者の再生産」には次の世代の人口が含まれていなければならないということであり、まさに、このことが人口減で問題となっている。つまり、労働者が貧しすぎるがために、賃金労働者の再生産ができなくなっているのである。

したがって、日本の資本家階級は「賃金を高くしすぎない」という点では資本主義の持続に「成功」している。しかし、「人口再生産に足りる賃金を払う」という点ではさぼっていて、それが現在の人口減をもたらしているのである。

†賃金の上限と下限

こうして考えると、「資本主義の持続可能性」を保障するためには、賃金は高すぎても低すぎてもあってはならず、このことは「賃金の上限」と「賃金の下限」という言葉で整理することができる（実はこの整理も本書で何度か言及した置塩信雄氏の整理である）。いうまでもなく、「賃金の上限」は生産手段を持つようになれないための条件で、「賃金の下限」は人口再生産ができるという条件である。だから、この言葉を使って日本の賃金を表現すれば、「賃金の上限」はもとより、「賃金の下限」をも下回っているということになる。ひどいものである。

ただし、ここでは、先に述べたように「賃金の上限」が新しい生産技術によって上昇すると同時に、「賃金の下限」も歴史進歩にしたがって上昇することが重要である。そして、ここで特に無視できないのは教育コストである。

実際、過去の封建時代には、子供の頃から農業なり手工業なりを親や親方・先輩から学んだ。教育とは仕事と直接結びつく特定のスキルの向上であった。だが近代以降は、学校教育制度が整備され、仕事全般が学校教育の背景なしにできないものとなっている。つまり、いまや「賃金の下限」にはそうした教育コストも含まれていなければならなくなっているわけで、それがまかなわれなくなったうえ、その後もどんどん高学歴化、教育の高コスト化が進んでいるのである。

前著『「人口ゼロ」の資本論』を書いて以降、人口減少には貧困以外の要因も大きいと多くの方に言われたが、私に言わせると、賃金の下限と上限という視点で、貧困の意味が違ってきているという理解で整理できる。生産構造が変わるとともに、たとえば労働力人口の圧倒的多数がホワイトカラーとなってくると、そうした労働能力をつけるためのトレーニング・コストも違ってくる。つまり、教育コストがぐっと上昇してくる。が、それに見合った賃金の上昇ができていないのである。これはやはり「現代の貧困」と思うのだが、いかがだろうか。

†利潤（剰余価値）は労働の場で形成される

ところで、こうして「貧困」が資本主義という社会制度を再生産し続けているが、その貧困、つまり低賃金こそが現在、利潤拡大の重要な源泉となっていることは本書第Ⅰ部、特に第二章で述べた。つまり賃金が増えると利潤が減る、逆に賃金が減ると利潤が増えるという関係にあることを前提とした議論である。

だが、この点をもう少し深めて考えた時、そもそもその利潤を、賃金カット以外に発生させる方法はないものなのだろうか。この問いには様々な回答の方法があり、たとえば他社よりすぐれた技術や経営方法を用いることで利潤を得られる、という重要なものがある。

個別の企業にとってはそれがもっとも正当な回答であることは間違いない。だが、利潤は個別生産性の格差を超え、社会全体として生じているものだから、この回答だけで満足するわけにはいかない。社会全体として利潤が生じるのはなぜかが、ここでは回答されねばならないからである。

実のところ、マルクスの『資本論』が解明しようとした究極の問いは、このようなものだった。マルクスの場合は次の第七章で述べる理由で「労働価値説」での議論となるので、この「利潤」は価値次元で「剰余価値」と表現するため、この『資本論』の理論は「剰余価値学説」と言い表すこともある。

ではその『資本論』の「剰余価値学説」とは、どういうものだったのだろうか。そのコアたる考え方は、「利潤＝価値次元での剰余価値」が、商品交換だけでは生じない、ということを示すことにあった。言い換えると、剰余価値は生産の場＝労働の場で生じている、ということである。

たとえば、いま商品aを生産する企業Aが商品bを生産する企業Bから、商品bを商品aとの交換によって手に入れたとする。この時、企業Aが保有している価値は、

x量の商品aの価値　⇒　y量の商品bの価値

と変わるが、これは等価交換なので保有価値は変わらない。つまり、等価となるようにx量とy量が調整されている。さらに、商品cを生産する企業C、商品dを生産する企業Dなどとの交換を続けても、この関係性はまったく変わらないので、つまりこうした交換だけでは利潤が生じないことが分かる。

だから、要するに、利潤＝剰余価値の源泉は商品交換にはない。その前提としての生産活動にあるのだと、マルクスは言った。別の言葉を用いれば、「利潤＝剰余価値の源泉は労働現場にある」ということになる。

前述のように労働者には余剰資金がなく、売れるものは労働力しかないので、労働者は資本家に労働力を商品として売っている。そして、労働力も商品である以上、労働力に等価な価値を「賃金」として労働者は受け取ることになる。ここまでは等価交換なのだが、工場でその労働力を消費する過程は等価交換ではなく、価値の増殖が生じる、ということである。

このことは『資本論』にとって非常に重要な部分なので、もう少し言葉を換えて説明する。資本家と労働者が相互に交換するのは、「労働力という商品」と「賃金という貨幣」で、この交換は等価交換として行われる。つまり、ここで利潤なり剰余価値なりが発生しているわけではない。だが、資本家が買った「労働力という商品」を使って行った「労働」自体は生産物に「価値」を付け加える。たとえば、1時間の労働は1時間労働といった価値を付け加える。だが、問題はこの「1時間労働」を生み出すために必要であった「労働消費量」は何と1時間以下で可能だということである。

この話を私は、大学1年の時に聞いた際は「あれっ?」と思った。おそらくいま、これを読まれている読者もそうあろう。だが、考えてみれば、そうヘンな話ではない。たとえば、人類が1時間の労働を生み出すのに必要な消費財を1時間かからなければ生産できない場合、その社会は真の意味でカツカツである。不測の事態のための余裕もなければ、働かずに暮らす支配階級も存在し得ない。したがって、「利潤」なるものも、この両者のギャップを根拠に成立しているのである。それがこの「労働力商品の価値(労働力を生み出すのに必要な消費財に含まれる労働量)」と「労働(労働力の消費過程)それ自体」の区別をマルクスが力説する理由となっている。

†マルクス経済学の関東派と関西派

だから問題は、交換過程にではなく生産過程＝労働過程にあり、それはマルクスの理論を特徴づける非常に重要な要素となっている。『資本論』は3巻構成となっているが、その第1巻が「直接的生産過程の諸結果」とされているのはそのためである。ちなみに、第2巻は「資本の流通過程」、第3巻は「資本主義的生産の総過程」となっている。正―反―合の形式をとる弁証法の「正」が「直接的生産過程」となっているのである（「反」が「資本の流通過程」、「合」は「資本主義的生産の総過程」）。

だが、こうして「搾取」の現場＝生産過程＝労働過程に経済学者の関心が向けられてきたかと言われるとそうでもなく、特に近代経済学者の「マルクス評」には、その点が強く表れている。

たとえば、東大名誉教授の岩井克人氏のマルクス評は『ベニスの商人の資本論』（筑摩書房、1985年。のち、ちくま学芸文庫、95年）で展開されたが、マルクスの商品貨幣論しか相手にしていないものだった。私は岩井氏が京都大学の大学院で行った集中講義に参加したことがあり、また学会誌に氏の主著 Disequilibrium Dynamics の書評もしたことがあるが、正直、困ったものだと思っていた。東大ではそのようにマルクス経済学が教えられていたのだろう。

実際、関西人である私からすると、関東のマルクス経済学には「労働」という視点が欠けていたのではないか思ってしまう。もちろん、関西にもさまざまなマルクス経済学の学派が存在していたが、すぐこの後で紹介する置塩信雄氏よる「マルクスの基本定理」も労働過程における搾取を問題としたものだし、京都に本部のある基礎経済科学研究所も森岡孝二理事長、大西事務局長時代に長時間労働や過労死の問題を中心に研究活動をする集団になっている（その後、私は理事長を数年間務め、いまは副理事長兼東京支部事務局長となっている）。

だから、この置塩氏や基礎経済科学研究所の伝統の上に活動する私は、海外の研究者に説明する際、自らを「関西派」という言葉で表現したことがある。そしてその視点からする時、正真正銘のマルクス経済学者でも関東のそれは貨幣論や商品論、市場機構論や信用論、金融論といったフィールドにばかり集中していて、「労働」なり「搾取」なりへの関心が薄いものと気になって仕方がなかったのである。

もちろん、関東にも例外がある。生前に仲良くさせていただいていた有井行夫駒澤大学教授は「労働」にしっかりこだわっておられ、マルクス経済学の総合学会たる「経済理論学会」の大会では「労働」を研究対象として意識的に設定する分科会の司会を務めておられた（2007年第55回大会および2012年第60回大会）。また、田上孝一氏が労働内容の無内容化（ブルシット・ジョブ）を中心的な論点として取り上げられ、いまは京都におられる白井聡氏（一橋大学で学位を取得）も働く現場における「労働の包摂」という問題を中心に研究されている。さらに言えば、POSSEという運動団体の主要なテーマは低賃金などまさに労働現場の話に集約されている。

だが、こうして「関東の例外」を挙げれば上げるほど、哲学系の田上氏、政治学系の白井氏、運動団体のPOSSEとなって、経済学の対象となっていなかったことが分かる。経済学のフィールドで研究すべきは、貨幣、市場、商品、信用、金融ということとなってしまっていたということになる。

しかし、本書が問題とするのは「貧困」で、それは労働者が働く場で「搾取」されていることから生じているものだった。もっと言えば、それこそがまさに『資本論』の最重要な主張点である。このことは、確認しておきたいと思う。

†数理的に証明できる資本主義的搾取

本章では『資本論』にのっとって「貧困」の原因が搾取であると述べたが、日本のマルクス経済学にはすごいところがあって、それは何と、早くも1950年代にそれが数理的に証明されていたことである。すでに本書では何度かご紹介している置塩信雄氏による証明であり、私自身も大学院生時代の前半にお世話となったことはすでに述べた通りである。

ところで、この証明は、マルクス『資本論』のコアたる内容ということで、「マルクスの基本定理」という名前も付けられ、ついでに世界ではFMT（Fundamental Marxian Theorem）と呼ばれている。日本のマルクス経済学は私のものも含めて数理的な面で進んでいると世界的評価を受けているが、その出発点となった証明である。ここではマルクスの「再生産表式」にしたがって、すべての生産物を生産財と消費財に分類して、定式化している。

具体的には次の2本の不等式と2本の等式(3)(4)が証明の出発点となる。まず、最初の2本の不等式は次のとおりである。

生産財1単位の価格＞その生産に必要な生産財の価格＋それに必要な労働力の価格……(1)

消費財1単位の価格＞その生産に必要な生産財の価格＋それに必要な労働力の価格……(2)

ここでは左辺が販売価格を、右辺が生産コストを表しているから、この不等式は「利潤存在」を表していることになる。これが両式の意味だが、両式の右端にある「それに必要な労働力の価格」はそれぞれの財1単位を生産するのに必要な労働力×実質賃金率×消費財価格で表されることを付記しておく。

他方、もう一方の2本の等式とは次のとおりである。

生産財1単位の価値＝その生産に必要な生産財の価値＋それに投入された直接労働量……(3)

消費財1単位の価値＝その生産に必要な生産財の価値＋それに投入された直接労働量……(4)

マルクスの労働価値説ではどれだけの労働が投下されたかで「価値」が決まるので、右辺第1項で示される間接的な投入労働量と第2項で示される直接的な投入労働量の和が両財1単位の価値となる。これらの式を組み合わせて変形すると次の式が導かれる（途中の式変形に関心のある方は、拙著『マルクス経済学　第3版』第3章をご参照ください）。

1時間＞1時間当たりの実質賃金×消費財1単位に含まれている労働時間……(5)

しかし、(5)の右辺は「1時間の労働で労働者が受けとる労働時間」となるから、それが左辺（＝1時間）より少ないと言うことは、労働者が資本家に提供するのは1時間であっても、受け取るのは1時間未満ということを意味する。つまり「搾取」である。こうして、資本主義における「搾取」は数理的に証明されることとなったのである。

なお、この証明をより深く理解するために、この証明が最初の2本の式が不等式として定式化されていることがキーであることに注目することも重要である。なぜなら、ここが等式なら最後の(5)式に不等号が表れて来ないからだが、これを経済学的に言えば企業が利潤を得るから、となる。つまり、コスト以上の価格を販売価格として設定できるから、あるいは逆に言って、販売価格以下の価格で労働力を雇えるから利潤が得られる、そして、その結果として搾取ができている、ということになる。

いずれにせよ、この(1)(2)式で構成される「利潤存在条件」を、(3)(4)式で構成される労働価値説と合体させたというのがこの証明のミソである。資本主義的搾取というのはただのお題目ではなく、数学的に証明されるものだということを確認しておきたいと思う。

第七章

奴隷・農奴と同じ現在の労働者

†商品としての「労働」をどう見るか

以上、第五章、第六章で「貧困」が資本主義を始めるためにも継続するためにも必要だったことを述べたが、その延長で述べた「生産現場での労働搾取」への関心の有無の問題は、残念ながらいま大活躍の斎藤幸平氏にも当てはまる。確かに『僕はウーバーで捻挫し、山でシカと闘い、水俣で泣いた』(KADOKAWA、2022年)で、自身の労働体験も語っておられ、非正規労働という働き方の問題も指摘されているが、斎藤氏の主張のコアは「商品となってはいけないものを商品としてしまっている」というところにあり、やはり私が前章末で述べた「商品論」的なマルクス経済学解釈ということになる。

たとえば、斎藤氏が「コモンの回復」とおっしゃっているのもその考え方からのものである。つまり、問題の焦点は「商品化」であって、「貧困化」はその結果としてのみ議論されている。その結果、本書の第I部で論じたような問題に迫れない枠組みとなってしまっている。

斎藤氏は日本の多くの人々にマルクスの有効性を納得させた貢献者であるから、正直ここで批判するのは気がひけるが、マルクス経済学のコアたる考え方の理解は正しておく必要があるので、学者とはそういう相互批判をするものだと読者には理解いただきたい。

ただし、まずこの点を深めるには、斎藤氏がドイツに行かれる前、数か月ではあっても学籍を置かれていた東京大学に特徴的なマルクス経済学の考え方を解説しなければならない。戦後初期に宇野弘蔵氏が打ち立てた「労働力商品の無理」という考え方である。第六章で述べたように、資本主義の下では労働力が商品として労働者側から資本家側に売り渡されているのだが、それが他の商品と根本的に違ったものであることを強調する議論である。

実際、この「特殊性」自体はすごく重要で、アメリカのサミュエル・ボウルズという進化経済学者も「抗争交換理論」と呼ばれる独自な理論でほぼ同様のことを述べている。私に言わせると、買った労働力をどれだけ使いきれるかにも大きな幅があると同様に、「労働力の価値」を何と見るかにも大きな幅があるという議論だが、ともかくそのことをもって労働力を商品にすること自体に無理があると、宇野理論は考えるわけである。

であるから、ここでは「労働」にもちゃんと注意が払われていて、したがって単純な「商品論」を超えている。そして、これは斎藤氏の「そもそも商品化されてはならないものとしての自然」という考え方と同系統の思考様式となっている。その意味では確かに、斎藤氏の議論も「労働」をちゃんと見ている、ということになるだろう。だが、それでも、斎藤氏の諸著作ではマルクス経済学の本丸たる「搾取」の議論がなかなか出てこない。それはなぜか、ということをここで述べなければならないということになる。

†「働かせる」か「食べてしまう」か

実のところ、ここでの分岐――「搾取」が正面から論じられるかどうかという分岐――は、生産過程における「労働力の商品化」という特殊資本主義的な特徴を、他から切り離して強調してしまったことから生じていると私は考えている。というより、これは結局、「労働力が商品化される前」と「労働力の商品化後」の相違の強調に帰結するので、その結果として、それら両者に共通した本質的特徴＝資本主義以前から存在していた「搾取」が飛んでしまったのだ、という意見である。

実際、よくよく考えてみると、「労働力の商品化」とは「搾取」の資本主義的特徴を明らかにするには必要でも、「搾取」自体の解明ではない。その「搾取」自体の解明には、斎藤氏が「生産力主義」として忌避する、そういう考え方こそが重要であると私は考えている。

奴隷制や農奴制より前に存在した原始共産制社会を考えてみよう。そこでは万民が平等だったが、言われているほど良い社会ではなかった。なぜなら、この時代にも「部族」間の争いはあり、その争いに勝った部族が捕虜を連れ帰り、それをこき使ったとしても意味がないほど低い生産力だったからである。たとえば、それらの捕虜が自分たちの労働力を再生産するのに精一杯なほど低い生産力段階を想像してみよう。奴隷として働かせても、奴隷自身が食べるのに必要なものしか生産できないほど生産性が低かった時代には、何の剰余生産物も搾取できないので、その戦勝部族が捕虜を連れ帰っても何の利益も得られない。そのために原始共産制期には、奴隷制が存在しえなかったのである。

最近の考古学上の研究成果に、１４５万年前のヒト族の骨にある平行な数本の傷が、あるヒト族による別のヒト族の死体を食べるために石器で処理した跡だと解明した発見がある（Nature Scientific Reports. 2023, 26, June）。奴隷としてこき使うより、食べてしまう方が合理的だったのである。だが、ヒト族が動物的な狩猟採集だけの生活を脱して、社会の生産力を発展させると、カニバリズムの精神的、宗教的な意味を別とすれば、働かせる方が合理的という時代がやってくる。つまり「奴隷制」も、一種の発展と言えるのだった。原始的ではあるが、生産力の発展は、まずこうして人権上の改善をもたらしたのである。

ここで読者に知っていただきたいポイントは、ここでは、人間を食べてしまうか奴隷にするかの選択を「人間労働が生みだす生産物量」と「人間労働の再生産に必要な生産物量」という生産力上の大小関係で判断しているということである。その双方がほとんど同じであれば奴隷にしても意味がない。労働が生み出す生産物量が大きくなるほど奴隷（労働力）として生かす方がよい、という選択である。

もちろん、この時代の生産活動は「商品化」以前であるから「商品価値」という概念がない。だから、この両者が「人間労働が生みだす生産物量」と「人間労働の再生産に必要な生産物量」との比較形式をとるが、「商品化」後の「人間労働が生みだす価値」と「人間労働の再生産に必要な価値」との形式をとる資本主義的搾取と事柄の本質は同じである。

この両者のギャップが搾取される者と搾取する者との分裂を人類社会に持ち込み、それが奴隷制社会から現在にまで引き継がれているのである。

現代の資本主義社会も階級社会であるということ、搾取社会であるということはこのような比較——搾取のなかった原始共産制と、奴隷制以降のすべての階級社会との比較——で初めてはっきりと理解できるのである。

であるから、ここではやはり、斎藤氏がスキップされている「生産力」というものの理解が非常に重要で、かつまたその証明のためには「労働力の商品化」という概念がいらないことが分かる。「労働力の商品化」という概念は、それ自体として非常に重要なのだが、奴隷制以来ずっと続いてきた「搾取」の本質にかかわらないのである。

†見えにくくなった搾取

それでは、その「労働力の商品化」という内容はどのような意味において重要なのだろうか。結論から言うと、その答えは「搾取の資本主義的特質の解明」となるが、この理解のためにはまず、かつての奴隷制と農奴制における労働搾取は、そのまま目に見えていたことを知ることが重要である。

たとえば、奴隷制の場合、彼らが生産する食糧の量と彼らが生命を維持するために食べる食糧の量との差がまさに「搾取」なので、彼は自己労働のどの比率が「搾取」されていたかを知ることができた（「奴隷根性」によってそれを「搾取」と認識できていなかった可能性はあるが）。また、農奴制の最も典型的なケースとしての「労働地代」の場合には、農奴は週のうち3日は自分の土地で働けても3日は領主の土地で働かねばならない（1日は安息日）といった状況だったから、ここでも搾取は目に見えている。

だが、問題は資本主義の場合で、そこでは「自由」で「平等」な「契約」の社会ということになっているから、搾取は目に見えにくくカモフラージュされている。身分制が廃止され、労働者も資本家も対等の立場で法律上自由に雇用契約を結ぶ。この雇用契約はいまや前述のとおり「労働力商品」の売買契約という形をとるから、それは「等価交換」として行われる。つまり、この取引者間に何の一方的な価値収奪もないことになっているから、搾取のない社会という外観が成立しているのである。

ともかく、ここで確認しておきたいのは、奴隷主と奴隷の関係ないし領主と農奴の関係が、資本家と労働者の関係に変わり、以前のように搾取が直接に見えることがなくなったということ。しかし、それを「人間労働が生みだす生産物量」と「人間労働の再生産に必要な生産物量」に直して考えると搾取が見えてくる、ということである。

なお、先にも少しだけ触れたが、この「生産物量」という部分を「価値」になおすと「労働価値説」が登場することになる。資本主義の場合、農業労働に携わる奴隷や農奴と違って、大部分の労働者は食糧を生産しているわけではない。このため、「人間労働が生みだす生産物量」と「人間労働の再生産に必要な生産物量」は（それぞれを「1単位の生産物（消費財）を生産するのに必要な労働量」を掛けることによって）労働者が資本家に渡した労働量と資本家が労働者に支払った賃金に含まれる労働量に換算することができる。すなわち、

人間労働が生み出す生産物に含まれる労働量＞人間労働の再生産に必要な労働量

に書き換えられる。ただ、左辺はそもそも支出した労働量に他ならないが、他方の右辺は前章で述べた「上限」と「下限」の間にある賃金という形式をとって労働者が受け取る＝消費するということになる。であるから、

資本家が使った労働量＞賃金に含まれている労働量

に変形ができ、さらにこの両辺を1時間に基準化すれば前章末で示した「搾取の証明」とまったく同じものが出てくる。つまり、要するに、

人間労働が生みだす生産物量＞人間労働の再生産に必要な生産物量

という前頁で示した条件は、「労働力商品化」の社会では、右辺が「賃金」という形式をとって現れるが、その本質は奴隷制や農奴制と同じということである。「労働力の商品化」という論点がどのような意味で資本主義的特徴と関わっているかを理解していただければと思う。

†機械によって完成する労働力支配

以上のようなことで、ともに「搾取」が存在するという意味での奴隷制や農奴制との同質性と、しかもなお資本家・労働者間の形式的な対等性、つまり奴隷制や農奴制との違いが析出された。そこで最後に残る問いは、こうして「対等」なのにもかかわらず、どうして労働者は「上限」以下の賃金しか受け取れないのかという問題である。奴隷は奴隷主にまったく従属していたので仕方がなく、また農奴は領主の土地での労働を暴力によって強

制されていたので仕方ないが、「対等」となっているはずの資本家と労働者の間では「働いた分だけの賃金」を受け取れてもいいように思えるからである。

もちろん、この問いへはいくつもの回答があって、その最も標準的なものは、機械（生産手段）の所有者と非所有者との違いである。機械なしにモノを作れなくなった社会では、その機械を持っている者は競争上絶対的な力を持つので、その所有者と非所有者の力関係が非対称になるとの議論である。まさにその通りである。今後、ＡＩがそれなしに生産活動ができないほどに重要性を持ったなら、もちろん同じことが生じる。

また、この結果でもあるのだが、機械の所有者に雇われなかったために失業した「産業予備軍」が労働市場での賃下げ圧力を形成して、搾取されてしまうこととなっているのだという議論もある。ここでは、彼らが過去のような熟練職人ではなくなっているために、いつでも首を斬られる対象となってしまったということも深く関係している。これも重要である。

だが、これら全体を通じて重要なのは、要するに「機械」が世に表れ、それが生産活動で決定的に重要な役割を果たすようになったという「生産力」上の変化である。つまりもともと「生産力」の「量」は大きな問題だったが、「生産力」の「質」も重要なものに変化してきだという話である。テーラーシステムとかフォードシステムに代表されるベルトコンベアによる生産システムを、チャップリンが映画「モダン・タイムズ」で揶揄したように、ベルトコンベアが動き出すと、労働者は手を止められなくなる。これは現在のトヨタの工場でも同じで、こういう状態を『資本論』は「労働の実質的包摂」と呼んだ。資本による労働の支配は「機械」という質をもった生産力によって完成されたのである。

実を言うと、私は第五章で原始的蓄積期には暴力的な貧困の形成がなされたと述べ、それが『資本論』第1巻の最後の主張であったと述べた。そして、この暴力は、「大工業の幼年期」にこそ強まるとマルクスはその箇所で述べている。機械の登場＝大工業の成立こそが人々をして資本への従属を決定的なものとするということである。「生産力」の質的変化の社会への影響の強さを「生産力の質の問題」として改めて理解しておきたいと思う。

†市場経済も機械化によって完成した

ただし、こうして「商品論」ではなく、「生産過程論」としての議論が必要だとは言っても、実はその「商品論」も本当は「生産過程論の延長」であることが重要である。だいたい、『資本論』はその最初の文章で「資本主義ではすべての富が商品として現れる」と書いてはいても、そういう「すべての富が商品となる」ためには社会的分業の成立が前提となるからである。

たとえば、昔の日本では傘ではなく蓑で雨をしのいだが、その蓑などは各農家が自分で作っていた。下駄に先行するわらじも、そうである。ほとんどの手工業品が自前で製造されていたのであって、飛鳥や奈良の律令時代に国民が朝廷に巻き上げられていた「租庸調」の「庸」とは、労働を納めること、「調」は特産品、または布を納めることであった。昔話の「鶴の恩返し」に特徴的だが、近代までの農家では、布の製造は各家で行われていたのである。

だから、こうして過去にはそれぞれの製品が「商品」となるようなことはなかったが、いまはまったく違っている。その理由は要するにそれぞれの製品が「専門家」というか「専業家」によって作られるのが合理的となったからである。もう少し言うと、自分で作るより他人に作らせて、それを自分の生産物と交換する方が合理的になったからである。これはまさに大工業の生産力において決定的となった。

大工業の特徴には、前に述べたように①生産力を上げた、②機械の持つ特殊な労働支配力が高まった、ということがあったが、それに止まらずいったん買った機械は存分に使わなければ資金を回収できない、ということがあるので、仮に、靴を製造する機械を買えば靴をひたすら作り続ける、衣服を作る機械を買えばひたすら衣服を作り続ける、家具を作る機械を買えばひたすら家具を作り続ける……ということとなって、各生産者の専業化が進む。そして、この結果、どんな製品もそれを作った生産者から商品として販売されなければならない社会＝商品生産社会が形成された。「商品論」にも「生産過程論」が前提となっているということである。

以上を総括すると、社会発展とは、「大工業」という「生産力」の諸特徴が、社会のいろいろな部分を根本的に規定していたことがわかる。マルクスやエンゲルスの社会認識は「史的唯物論」と言われるが、その内容の基本はこのようなところにあったのである。

第Ⅲ部

バブルと貧困の解消を主張する経済学

第八章 古くて新しい階級論

†焦点は「中間層の不満」

第Ⅱ部は「理論編」としてちょっと突っ込みすぎたかもしれないが、本書の考え方が『資本論』に基づいている以上、それとの関係を示しておくことが重要と考えた。

ただ、その上で、現在の諸問題が貧困に起因していること、貧困の根本的な原因が「資本主義」というシステムにあることの解明を超えて、その解決策に向けた議論を視野に入れなければならないだろう。

実際、その必要性を強く感じさせる、そういうネット上のやりとりをこの間、経験した。アゴラという「言論プラットフォーム」を謳うサイトに私が投稿した文章（「要するに人口減が資本主義で解消されるのかどうかという問題」①2024年2月11日、②12日）の「平等化論」に読者からの非常に強い批判コメントが寄せられたからである。私の投稿は、『「人口ゼロ」の資本論』を批判する論文への反論として書いたものだったのだが、批判者は、人口減対策としての平等化政策に強く反対するものであった。本書で繰り返したように、私は貧困こそが人口減の原因だという論をはるものだが、その批判者は、平等化をすれば人々が働かなくなり、それでもし出生率が上げられたとしても、それは経済の衰退を招くものでしかないとの主張をしている。

こうした意見を読んで私が思うのは、結局問われているのは、「人口減問題」という個別対象ではなく、実は「平等化」をすることで「資本主義」自体に手をつけるのか、それとも資本主義には手を付けられないのか、といった問題である。「平等化」をするかしないかは、そのまま「資本主義」自体を認めるかどうかにかかわるからである。

あるいは、このことは次のようにも言えるだろう。つまり、「人口減問題」以外にも世には数多の問題が存在する——たとえば「環境問題」や「住宅問題」、「物価問題」や「教育問題」など——が、それらに対して人々は「対策」すること自体には反対しない。ただし、それを「体制の問題」としたり、「資本主義の欠陥」と言おうとするなら、その時点で必ず強い反発を食らうという問題である。「平等化」にはかくも強い反発があるということなのである。

だが、もしそうであるのなら、なぜそこまで「平等化」に強い反発が生じるのか、ということが問われなければならなくなる。そして、それへの私の回答は、その焦点が先進資本主義諸国における「中間層の没落」にあるというものである。第五章において詳述したように、現在の先進諸国では「中間層」の不満が相当に蓄積していて、その分かりやすい反発のはけ口が「貧困層」になっているのではないか。中間層に言わせれば、社会は貧困層には配慮するが、我々中間層は配慮されていないという不満があるのではないか。社会的諸問題の対処の多くは、貧困層対策となっていて、自分たちは逆にそのための課税の対象としかなっていないとの不公平感である。

ドナルド・トランプがアメリカで集めている現状への不満、そして、香港や台湾における若者の不満も、まったくそのようなものだと思われる。第五章では、人口問題とのからみで「没落中間層」と「貧困層」との間の問題である話をより明確化したわけだが、実のところ、こうした「中間層」と「貧困層」との間の軋轢も、そうされてしまった根源的な原因にまで遡って考えるのであれば、常に「貧困」を必要とする資本主義という仕組みにまで目を向けないわけにいかないのである。

繰り返してきたように、先進国の貧困層は自身で人口を再生産できなくされてしまっているのであるから、中間層の一部に、どうしても次代の貧困層に転化してもらわねばならない仕組みとなっている。もちろん、貧困層の貧困状態は直接的な全般的賃下げ圧力となって、中間層の下層部分の収入を圧迫しているという事情もある。

ちなみに、第五章末では、誤解されがちな都市と農村の対立の本質について述べた。それが「資本と労働の対立」であることも、世の多くの対立を表面で捉えてはならないという一例である。

†超富裕層との所得格差をうめる

であるから、いま、ここで扱う中間層問題は、貧困層との軋轢関係としてではなく、「資本主義」という体制の問題、搾取される側（中間層、貧困層）と、搾取する側（資産階級）との間の問題として捉えられなければならないと私は考えている。そうして初めて、「賃金格差をなくすと働くインセンティブがなくなる」という、それなりに納得のできる論理との共存も可能になると思うのである。

ただし、そもそも「賃金格差をなくすと働くインセンティブがなくなる」というような論理は、資産階級にもあてはまるのだろうか？

資本主義的な倫理観からするかぎり、彼らは一般的に「違法行為」をしているわけではないが、数十億のお金を投資して、時に大損はしても全体としては利益を上げ、結果として巨額な利益をあげる。元手の大きなファンドほど利益率も高くなることはピケティが証明しているが、その出発点たるファンドは、もはや彼らが「賃金」として得たものと言うことはできない。「賃金格差をなくすと働くインセンティブがなくなる」なぞという論理とはまったく別の世界の話であるというのが重要である。

とはいえ、その考えを前提にすると、「労働インセンティブ維持のために賃金格差を維持する」としたとしても、この「資産階級」にはインセンティブがいらないから、彼らの所得だけをカットして貧困層と中間層に回すというような方策を考えることができるはずである。これなら「賃金格差維持論」の方たちからも同意を得られるのではないだろうか。イメージで図示すると、図8－1のようになる。図8－1は単なる概念図だが、「富裕層」の所得（ないし資産）の引き下げは「平均」としてのものだから、富裕層のすべてを所得移転の対象とする必要は必ずしもない。

図8-1　超富裕層からの所得移転をすれば貧困層と中間層の格差は解消できる

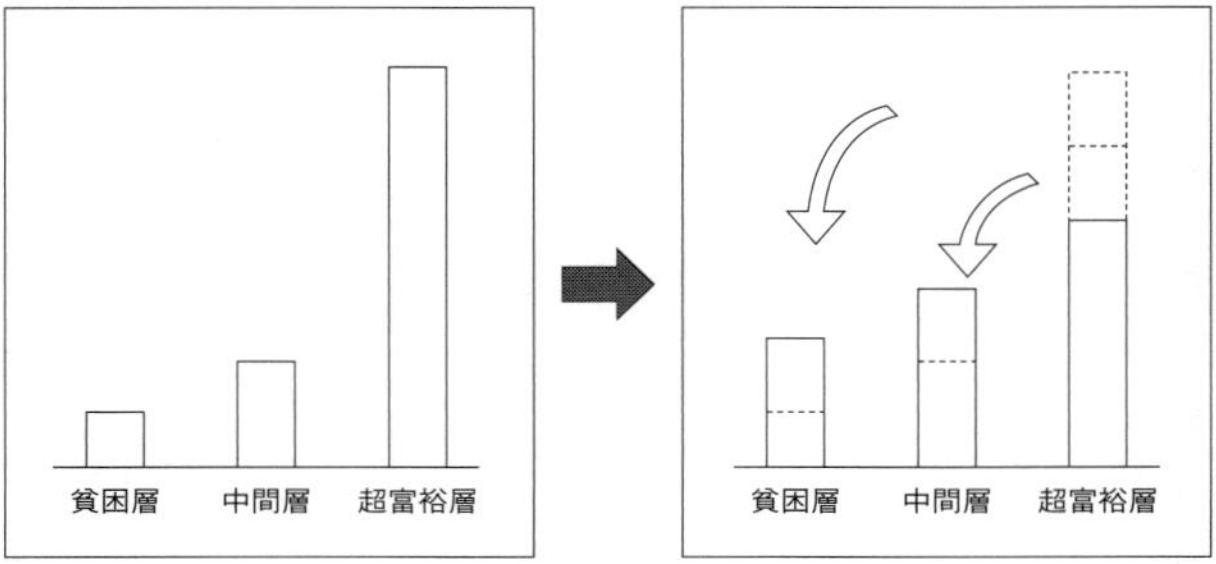

ただし、本書として重要なのは、この資産階級の利益がどこから生み出されているかであって、それこそが「搾取」だったということである。少なくとも第Ⅱ部の3つの章で論じたことはそうしたことだった。そして、「富裕層」といっても、たとえば金融資産だけで5億円を超える資産を持っている「超富裕層」とそれ以下の一般的な「富裕層」とはかなり違っていて、ここで問題としたいのは先のように数十億のお金を動かしてがっぽり儲けている「超富裕層」である。

たとえば、思想家の内田樹氏による編著『人口減少社会の未来学』（文春文庫、2021年）で執筆陣に名を連ねる平川克美氏によると、全米トップ3人の資産合計が、全米の下位50％の総資産を超える、また全世界トップ8人の資産が全世界の下位50％の総資産とほぼ同じだという。こうした人々のことを問題としたいのである。そういうものとしてこの図を理解してもらえればと思う。

†平等に反発するネット民

私が何度も「貧困をなくさないと人口減となる」と警鐘を鳴らしているのは、人口減が「経済活力」をなくすからである。あるいは、資本主義の勃興期にインセンティブシステムとして機能した賃金格差も、超富裕層が現在のように肥大化する下で（この原因の多くは本書第二章で述べた資産価格の異常な上昇にあった）どこまで有効性を維持できているか、という問題である。この論点が私のコアをなすアイデンティティとなっている。

しかし、ネット上の私の文章への批判者たちが、「平等化」に強く反発し、その根拠として「経済活力の維持」を上げることは無視できない非常に重要なポイントであり、その論点にはちゃんと応えなければならないだろう。

まず重要となってくるのは、この格差がどこまで本当に「活力」でありうるのかということである。ちなみに、日本では東大生・京大生の半分くらいは親も東大・京大卒であり、保護者の平均収入が子供の大学の偏差値序列と一致しがちだという統計がある。実際、社会階層による学歴の固定化を実感することも少なくなくなってきた。

さて、「超富裕層」ではないにしても「富裕層」には属する大企業役員経験者も、私と同様に感じているという話を紹介したい。その方は虎ノ門に本社を置く大企業の元役員で、私と同郷、出身大学も同じことから、親しくお付き合いをしているのだが、イギリスに長期滞在していた際、こんなに階級格差が大きい英国では活力が湧くはずがないと思ったということである。私はイギリスのEU離脱投票の社会階層分析を行ったことがあるのだが、英国の階級が非常に明確であることは、日本でもよく知られている。A（高位の経営・管理職）、B（中位の経営・管理職）、C1（低位の経営・管理・監督職）、C2（熟練作業員）、D（半非熟連作業員）、F（失業者）という社会階層が、それぞれ何人と区別できるほどである。

実際、その元大企業役員が働いていた会社のイギリス工場は、食堂が、工場労働者と管理層で分けられていたということである。いまも伯爵や男爵といった貴族制度の残る社会ではそうなっているということで、教えられることが多くあった。

†学歴と職業と階級の固定化

だから、「経済活力」を問題とするのであれば、やはり「階級の固定化」といった論点は無視できない。イギリスでは貴族制に由来する「身分制」が残っているわけだが、日本もまた「身分制」的になりつつあるのではないかという考え方も成立する。そして、そうした視角から日本の非正規労働者の実態を研究した森岡孝二氏が書き下ろしたのが『雇用身分社会』（岩波新書、2015年）であった。

第六章で、私は関西のマルクス経済学界が労働関係に関心を集中させてきたと述べたが、森岡氏はその中心人物である。京都に本部がある基礎経済科学研究所の理事長をされ、1980年代末以降に多数の一般書を出版されている。『働きすぎの時代』（岩波新書、2005年）、『貧困化するホワイトカラー』（ちくま新書、2009年）、『就職とは何か』（岩波新書、2011年）、『過労死は何を告発しているか』（岩波現代文庫、2013年）などだが、一般向けの他にも、基礎経済科学研究所から『日本型企業社会の構造』（旬報社、1992年）、『労働時間の経済学』（青木書店、1987年）などの共著も書かれている。私は当時、この森岡理事長を支える事務局長として、これらの活動をサポートした。本書に繋がる作業である。

実際、この当時は「新たな身分制」と理解したくなるような変化が先進資本主義諸国の間に出始めており、たとえば、フランスの構造主義社会学者のピエール・ブルデューは近代的な業績原理が教育経験や学歴という文化的要素を通じて社会的不平等を正当化している現状を問題とした。特に、そこでは文化的要素には「序列」があり、それが職業上の「序列」に対応しつつ、それぞれに固有のライフスタイル（文化）に結晶することが重要だとした。「身分」としっかり言えるためには社会階層の世代的固定化がライフスタイルとしての文化に結晶していなければならないとする卓見である。

ただし、その一方で、この議論が日本に紹介された１９８０年代の限界も同時に見られる。たとえば、１９８７年の秋永雄一氏によるブルデューの紹介論文では、各人が教育を受ける目的に金銭的なものはないと断言され、経済問題への関心の薄さが見られる。ある種の「威信」の獲得が目的であって金銭的なものではないとの理解だが、これは現代では通用しないだろう。学歴格差が直接に職業格差を導き、それがそのまま所得格差として現れているのが現状だからである。

逆に言うと、貧困に陥らないためになるべく有名な大学を卒業したいのだが、そのためには金銭的な余裕がなければならない。お金がないので、ある程度以上の学歴を諦める、という現実が存在してしまっているのである。１９８７年はバブルの真っ最中である。直後に迫るバブル崩壊を知らなかった幸せな時代だったのだと改めて思う。

だが、もちろん、ブルデューが注目した文化的要素が「現代の身分制」を論ずる上で欠くべからざる重要要素であることは間違いない。現代の東京都心には、「億ション」と言われた値段をとうに超え、数億円水準で取引される住宅やマンションが満ちあふれ、そうした地区の雰囲気やお店の種類は、他地域とはまったく違うものになっている。都心部一戸建て住宅の車庫に並ぶ自家用車はほとんどすべてが外国車で、第二章で言及したようなJR東日本の再開発ビルにはインターナショナル・スクールが入っている。金持ち外国人がそうした地区に集住することを期待していることがわかる。

ここでは、戦前戦中の「租界地」と同様、外国趣味が文化とされるライフスタイルに人々が染まるのだろうか。民族主義者の私としては、大変気になる文化的変容が身近な地区で急速に進行している。

†身分制の合理性は、職業倫理

だが、こうして再形成されつつある「身分」を告発すればするほど、過去の身分制がそれなりの根拠を持っていた可能性も同時に検討しておかないわけにはいかない。日本では奈良・平安期に完成した貴族/平民の区別や、豊臣政権の後、江戸期に完成した士農工商という2つの身分制が思い浮かぶが、それらにはそれらなりのある種の合理性があったのかどうかである。現代ではそんな合理性など存在しないことを主張するためにも、時代による要請があったかどうかという趣旨からである。

実を言うと、過去における士農工商という身分制には「職業によって異なる倫理観」を各身分ごとに維持・再生産し、よって社会の合理的な持続を可能にしたというところがある。たとえば、「工」である職人には、黙々と修業に打ち込む忍耐力と親方への従順さ、仕上がりへのこだわりが求められる。長期にわたる徒弟関係による技術継承をよしとし、「職人の誇り」とか「匠の美意識」とか言われるもので、英語ならcraftsmanship（職人技）に集約できる。ただし、「商人」にはまったく別の特性、たとえば「目敏さ」や「がめつさ」が求められる。ともあれ江戸時代の人々は、生まれながらに必要な職業倫理を維持・再生産させられていたのであり、そのためにも、ここでは生まれた時から職業が決められるという身分制があったのである。

しかし、他方で行政管理者たる武士階級にとっては、たとえば商人的な目敏さやがめつさは有害なものであった。平和となった世の中で、「公務員化」した武士階級には、社会の通常運行のため「質素さ」と「清廉さ」こそが求められるようになっていく。そして、そのため、武士階級から見た商人的倫理観は、悪いもの、劣った階級の倫理観だとの社会通念が必要となった。武士が、論語や朱子学を学び、金銭的利益に相反する「忠義」と「面子」をもっとも重視する生活感覚を持つようにされたのはそのためである。

逆に言うと、生まれながらの特権者は、質素に生きることなしに行政上の支配階級として君臨する正当性を獲得できなかったのだ、とも言える。武士階級の中にはその力を使って致富《ちふ》をなす者も出てくるが、だからこそそうした倫理観が社会的に求められたのである。欧米なら、英語の「noble obligation（ノーブル・オブリゲーション）」。これはフランス語の「ノブレス・オブリージュ」のほうが一般的かもしれない。

なお、名目的には職人や商人より上に位置付けられた農民は、お金も権力も持たなかったために特に特別な倫理観を求められたわけではない。言うまでもなく、近代以前はどこの国でも農民が人口の圧倒的多数を占めた。あえて言えば農民は、ただ武士の支配を受け容れる従順さというか、政治行政への無関心さというか、そういうものだけを期待された存在であった。現実にはこれらの諸身分以外にも僧侶や神官など宗教集団や賤民とされる固定化された身分あるが、ここでは省略する。

ちなみに平安時代末ごろまでの日本では、武士は、鎌倉期以降ほどはっきりとした階級というわけではなかった。ほかの階級の区別もはっきりとしたものではなく、お公家様以外は流動的だったのである。市場経済が未発達だった古代には、蓑やわらじ、糸や布といった生活品のほとんどが各農家によって自給されていたことはすでに言及したが、その状態では職人も商人も育つわけはない。町人を直轄領内にまとめるための「城下町」もなかった。つまり、支配階級以外の住民の区別はほとんど存在せず、よって「平民」と一括されたわけである。

兵農分離が進む江戸時代まで、兵役は、「租庸調」の「庸」の一部として平民に課されていたから、戦争のための特殊な階級が常時あちらこちらにいたわけではなかったことも、階級が固定したものでなかったことの重要な理由となっている。

平安時代の「貴族」という特殊な階級は、NHKの大河ドラマ「光る君へ」でも見られるように、「平民」とはまったく異なる生活スタイルを持つ社会的少数者であった。そのような「貴族」は、漢語の読み書きができなければならず、いまどきの政治家などとは比べ物にならないほどの教養人であった。現代のような視聴覚機器のない時代に、よくもまあこれほど学ぶことができたものだと、私なんぞは感心しながらドラマを楽しんでいる。

だが、逆に言うと、通常の労働から完全に切り離された「貴族」という社会階層にしか、それができなかったということでもある。「光る君へ」では、若き紫式部がちょっと庭仕事をするだけで貴族の女性たちが卑下する一コマがあった。また、藤原道長が盗賊に矢を放ったのを「貴族のすることではない」と諭すようなセリフもあった。平安の貴族社会ではそうした生活感覚が必要とされた理由も、この文脈で理解したいと思う。

†現代の「身分制」は生産力的に合理化できるか

したがって、これらを通じて主張したいことは、「身分制はよくない」というような倫理的道徳的なレベルで議論をしても仕方がないということである。そして、そのことを本書ではマルクス主義の考え方として強調しておきたいと思う。

たとえば、本書の第七章では原始共産制から奴隷制への転換を完全に生産力発展の帰結として説明したが、その転換にとって「道徳」や「正義」や「人権意識」は関係ないものであったし、前述の江戸期の身分制もたとえば商工業の自立に表される生産力がもたらしたもので、そこにも「道徳」や「正義」や「人権意識」が介在するものではなかった。であるから、本書におけるここでの問題は現在形成されつつある「身分制」が結局今後の生産力発展に寄与するのかどうか、適合的なのかどうかで判断されるということである。

重要なので繰り返すが、この問題は、資本主義が一度、古い身分制を打破したのはなぜか、という問題に戻る。過去には、農民の子は農民、武士の子は武士、商人の子は商人、職人の子は職人ということで世の中が回っていたのだが、各産業の規模が変わると同時に、近代工業では徒弟制的熟練は不要となった。士農工商の子弟たちがそれぞれを継ぐ生産力的必要性がなくなり、むしろ、産業間の移動が活力の源泉となるようになった。だから、階級の固定化は過去とはまったく異なり、生産力発展の障害物となったのである。

たとえば、私は小売商の息子として生まれ、その体験を基礎に独自の「経済観」を形成して経済学者となることにした。しかし、今後、学者の子供だけで学者世界が形成されるようになればどうなるだろうか。いまの日本政治を見てつくづく思うのだが、政治家の家庭で育った人間だけで政治が担われていることも、はなはだ疑問である。まったく異なる家庭環境で育った人たちが市議会議員などを経験し、その庶民的生活感を基礎として行政を担ってもらいたいと私は思うし、これに反対する人はほとんどいないだろう。

だが、いっぽうで、本章冒頭で紹介したネット上の私の文章への批判の趣旨にあったように、平等化への強い反発もある。一部の人が指導的地位にいて、多数はホワイトカラーとしてもくもくと働いてもらう。一部に残らざるを得ない単純労働は「下層身分」に任せるのが良いと考える人びとである。もちろん、世の中には単純労働が残るし、それに携わる人々を「創造的労働」に携わる他の人々と同じに扱えない、それをすると生産性の高い労働に人々を誘導できないので経済活力が低下する、と考えるのである。

ただし、それでもそうした社会的地位が「身分」となって固定化し、人口再生産のできないほど困窮する生活まで貶められてしまうと、前著『「人口ゼロ」の資本論』で書いたように、その部分の人口が自己再生産されなくなり、よって（外部からの「供給」がなければ）中間層の一部から供給されなければならなくなる。これがいま、先進諸国で起きている「中間層の反乱」の原因である。

いずれにせよ、本章で問題とした「階級の固定化」はただそれを倫理的に非難するだけでは十分な説得力を持たない。というか、それが社会発展の基本的なあり方だと言おうとするのなら理論的にも不十分である。「経済活力」を含むまさに「生産力的」なレベルでの合理性が主張されなければならず、私としてはその点がこの議論でもっとも重要な論点と考えている。

たとえば、先のブルデューの議論を紹介された秋永雄一氏は1979年に書かれた今田高俊氏と原純輔氏の論文に言及した際、社会の階層化（不平等の制度化）を「社会システムにとっての機能的要請」とする一方で、平等化は市民社会的要求であるとしている。つまり、ここでは平等化はたんなる「市民社会的要求」とされ、それが社会システム的機能的要求に抗して初めて実現できるのだ、という理解となっている。もっと易しく言えば、「経済的には非効率でも平等化は市民社会には必要」という論理である。

だが、先に述べたように、人類が過ごしたこれまでのすべての社会は(部族紛争で狩られた人間が食べられてしまったという話も含めて)、ずっと不平等な社会だったので、これらを秋永氏たちに評させると「間違った社会」ということになる。「そこでは市民社会がなかった」とも言われるかもしれないが、それも「市民社会という良き社会に至っていなかった」というような単なる倫理的道徳的な判断を持ち込んでいることに変わりはない。

だが、ここでもし私たちが「平等社会の実現を」というのであれば、やはり必ず「生産力的」な議論をしないわけにはいかない。本章をネット上の私の文章への批判コメントを出発点としたのはそのためである。

第九章　バブルの原因を問う数理マルクス経済学

†資産価格高騰の根本原因は低金利

ところで、本書は「貧困」とともに現在の異常な「バブル」の解明をも目的としているが、第二章でそれを論じた際の最も重要なキーワードは「円安」と「低金利」であった。「円安」はそれ自体が低金利の帰結ではあるが、ともかくこうなると輸出企業には為替差益が転がり込んで株価は上がる。日本の場合、こうした輸出産業が上場企業のコアをなしているので平均株価も上がるということとなる。

だが、輸入企業や純粋な国内産業など、より一般的な企業を想定するのであれば、「低金利」こそがより根本的な資産価格高騰の原因であるとここでは言わなければならないだろう。あまりに「教科書的」な説明で恐縮ではあるが、必要なことなので例を挙げて説明すると次のようになる。

いま、ある土地が年間100万円の地代を産んでくれるものと想定しよう。問題はこの土地がどれほどの「価値」を持つか、どれほどの値段で売れるか、ということである。そして、それを人々が「定期預金として資産を保有するか、土地の形で資産を保有するか」という形で考えたとすると、この土地の評価額はこの金利の高低によってまったく変わってくる、というのがそのポイントである。

たとえば、いま金利が5％としよう（1990年前後は実際にそうだった）。そうすると毎年100万円を産む土地は2000万円の預金と同等ということになる。つまり、

2000万円×0.05＝100万円

だからである。だが、現在のように金利水準がぐっと下がって1％となったとする。そうするとこの計算は、

1億円×0.01＝100万円

となるから、この土地の評価額は1億円に跳ね上がる。つまり、1億円で買ってもOK、少なくとも定期預金を保有するのと同じ価値がある、ということになる。現在のメガバンクの1年もの定期預金の金利は0・10—0・35%となっているので、実はもっと評価額が上がる。金利の上下動だけで資産価格がいくらでも変動するということ、特に低金利が資産価格上昇の原因となることを理解していただければと思う。

実際、こうして決まる「資産価格」は土地だけでなく、株や債券などの価格でもあるが、そのイージーな利用方法であるNISAの宣伝文句は「お金を預金しているなんてもったいない!!」となっている。

だから、土地や株やその他の債権などの評価額が上がるのは、「預金」というもののうまみが減少した結果である。本書第二章では、それは要するに「預金者」としての庶民が不利益を被っているのだと解説したが、ここで理解したいのは、土地や株価などを上げている低金利という根本原因である。その金利は日銀(や、政府)が公定歩合などを通じてかなりの程度左右できるので、現在のバブルは、そうした手段を通じた政策当局の選択の結果ということになる。国民を株売買に誘導することで株価が上がるのであれば政府の支持率も上がるから、政府は株高に誘導してきた。実は、その背後で庶民が不利益を被っているのにもかかわらず、である。ちなみに、いま、中国政府は地価下落阻止に一生懸命だが、それもまったく同じ論理によるものである。

†マルクスの利潤率低下法則

だが「金利」というもの、政府と日銀がある程度の範囲内では左右することができても、もちろんそれだけで決まるものではなく、歴史的な傾向というものも持っている。なぜなら、「利子」というものは、本来は企業が借りたお金で設けた利潤の分け前であるからである（消費者金融の利子は別だが）。つまり、「利潤率の長期動向」に、利子率も縛られるのである。だから、ここで次に考えなければならないのは「利潤率の長期動向」となるが、マルクスはそれを長期に低落するものと見なしていた。いわゆる「利潤率の長期低落法則」というものである。

この法則のマルクスによる説明はおおよそ次のようなものだった。

・利潤とは労働者が形成した付加価値のある割合を搾取することによって得られる

・その割合を一定とした時、賃金とともに企業にとってのコストを形成する原材料費プラス機械など設備の費用の割合が上昇した時、利潤率は低下する

これを式で書くと、

$$\text{利潤率} = \frac{\text{付加価値} \times \text{付加価値に占める利潤の割合}}{\text{賃金} + (\text{原材料費} + \text{機械など設備の費用})}$$

となる（ここでは簡略化のため「価値」と「価格」の厳密な区別は行っていない）。が、他の条件が一定のまま、「原材料費と機械など設備の費用」がどんどん大きくなっていけば、利潤率は下がる。資本主義が発展する過程では労働者総数が増え、よって賃金総額も増えるが、それ以上に資本蓄積が進むと、やはり同じことが生じる。マルクスはこうした設備の充実を「資本の有機的構成の高度化」と呼んだ。

ともかく、この結果、利潤率は長期に低落するとしたのである。

だから、もちろん、こうして利潤率が下がると利子率も下がらざるを得ない。先に述べたように「利子」は「利潤」の一部でなければならないからだが、ともかくこの結果、前項で見たように各種の資産価格は高騰する。マルクスは19世紀の人なので、そこまでは論じていないが、論理的にはこのようになる。つまり、長期的な資産価格の上昇というものはすでにマルクスの論理で説明できてしまうのである。

ただし、とはいえ、ここではもう少しの補足的な解説も必要となる。と言うのは、「株価」とした場合、それは企業の何十分の一か（何万分の一か）を代表しているはずのものだから、企業の利潤率が低下する場合、「配当率」も本来は低下せざるを得ない。だが、現実には企業における株主権限の拡大の下で「配当率」は下げられるばかりか時には上げられたりもしている。なので、この場合、やはり株価は上がる。

だから、マルクスが論証したコアたる資本主義の長期法則は、実は資産価格上昇の歴史法則となる。労働者が貧しくなる一方で「資産家」の資産はこうしてどんどん膨らむことになる。現在の貧富格差の主要なメカニズムはこのような形で貫かれているのである。

†「数理マルクス」が解明した正常な金利水準

ところで、こうした諸変数間の関係は「数理経済学」がお得意とする分野であるから、マルクス経済学内の数理派（「数理マルクス経済学」）は重要な研究対象としている。もっと正確に言えば、私が率いている研究グループが開発した「マルクス派最適成長論」の研究対象で、そこでは上記の「原材料費＋機械など設備の費用の賃金に対する比率」は「資本労働比率」と言い換えられ（ここでは原材料費が簡単化のため無視されているが）、それが長期に上昇する過程で機械（資本）の限界生産性の低下が利潤率を低下させることを解明している。マルクスはこの「限界生産性」という言葉を知らなかったが、彼が解明した法則を現代の経済学で表現するとこのようになる、ということである。

だが、この「マルクス派最適成長論」で重要なのは、そうして決まる「利潤率」とここで議論している「利子率」との関係をさらに明確にしたことで、結論的には国民経済レベルで、

実質利子率＝実質総消費の伸び率＋時間選好率

でなければならないことを解明した（大西『マルクス経済学　第3版』慶應義塾大学出版会、302ページ）。ここで、「時間選好率」というのは、人びとにとって「今年」が「来年」よりどの程度重要であるかを示す数値で、もしそれが5％程度だとするとこの数値が0・05と表される。庶民感覚で言う「払っても良い利子」に対応する。

だが、厳密に言えばこの時間選好率だけで適切な（実質）利子率は決まらず、たとえば、来年に各自の収入がどの程度増えるかといった事情も関係することになる。つまり、どんどん収入が増えるのであればお金を借りるのに抵抗はない。この事情は「実質消費の伸び

率」で大体表現できている。

また、最後に、左辺も右辺も「実質……」となって物価上昇率で引いてあるというのにもコメントしておく必要がある。と言うのは、物価が上昇している時に利子率が上がるのは当然なので、それを割り引いて置く必要があるからである。右辺もまた同じである。ということで、ようやくこの式を落ち着いて見ることができるが、その結果としてここで述べたいことは、以下の2つのことである。

その第一は、この式に前項で見た利子率の長期的低落の法則が示されているということである。本書の範囲を越えるので、ここで「実質消費の伸び率」が長期に低下するメカニズムまでは説明できないが、それがほとんど実質GDP成長率と等しいと思われる以上、事実の問題として読者にはその長期的低落に同意いただけるだろう。そして、当然、実質利子率も低下することとなる。これがこの式から分かる重要な1点である。

しかし、ここでより重要なのはもうひとつのことで、それは、この式によって実質利子率（名目利子率マイナス物価上昇率）がそれなりの高さを保っていなければならないことが示されているということである。

たとえば、いま、「実質消費の伸び率」（これは上述のように大体GDP成長率に等しい）

がゼロ％だったとしても、「時間選好率」自体はゼロにはならないので、上の式によれば、実質利子率はそれを超えるものでなければならない（名目利子率はそれに物価上昇率を加えたものになっていなければならない）。現実が経済原則から大きく乖離していることが分かる。

実際、これは慶應義塾大学経済学部の話だが、アベノミクスが始まった当初、「来年の日本財政、日本経済は滅茶苦茶だ。私学助成や学生の応募状況など従来の延長で来年度計画を組むのは大間違いだ」と教授会で発言されたマクロ経済学者がおられた。こんな間違った金融政策を実行されたらすぐに経済は破綻する、というこの予想は幸いにもまだ現実化していないが、「必ず破綻する」ということだけは間違いないと私も考えている。なぜなら、政策誘導によってもたらされた現在の「超低金利」（ゼロ金利）は先の意味でやはり不正常なものであり、それが「正常よりも低い」ということは、資産価格が「正常よりも高い」ものとなっていることが示されているからである。

だから、要するに、これらのことから現状の資産価格は、正常な水準をも超えて高騰しているということになる（日経平均の下落もまだ不十分）。つまり、バブルである。本書第二章では、それが賃下げなど労働者へのしわ寄せによって引き起こされていると述べたが、ここではその認識を越えてこれが「バブル」であるという認識にまで達することができるようになった。単なる資産価格の高騰ではなく、いずれ本格的に下落する異常な価格ということになる。

この意味で「バブル」かどうかは賃金などが上昇しているかどうかにかかわらない。現在のバブルは1980年代末のそれと違って実質賃金の下落を伴っているが、ともあれ異常な低金利による異常な資産価格の上昇だからである。もちろん、このバブルが崩壊すると、労働者にはさらなる生活苦が襲うことになる。恐ろしい未来がひたひたと迫っている。

†異常な投資熱

それでは、その来るべき「バブル崩壊」とはどのような形をとるのだろうか。1980年代末に生きた私たちは、かつてそれを目の当たりにしているので、ある程度想像はできるのだが、40歳くらいまでの若い人々には想像がつかないかもしれない。実際、大学でもバブル崩壊による労働者の生活苦は教えるのに苦労するところではあるが、私どもの数理モデルはそういうものも説明の対象としているので、やはりここでその一端をお示ししたいと思う。

　そのために、グラフ9－1の図A、B、Cを見ていただきたい。ここでは「正常な蓄積経路」として示された自然な経路からの逸脱としてのバブルを示している。逸脱はまずは「必要以上の投資」として現れる。すでに説明したように、長期にわたる資本の蓄積は「資本労働比率」（労働者一人が動かす機械の量）を増大させる（図Aの太い線）が、それは長期には利潤率を低落させる（「限界資本効率の低落」）ので、本来は投資先が枯渇し、よって追加投資を抑制する（図Bの太い線）。

　だが、「バブル」ではさまざまな資産が投資対象とされて大いに活況を呈するということだからグラフAでは細い線のように点線（「長期的な最適資本労働比率」）をはみ出すこととなるが、同時に、最適経路を超えての投資はその効率も下げてしまう（図Bの細い線）。つまり「バブル」において、実際の投資効率はマイナスの領域に入っている可能性が高い。この結果、どこかの時点で経済は投資の過剰に気づき、そこで経済が崩壊するというのが「バブル崩壊」となる。

　実際のところ、このようなバブル過程においては、投資意欲を「過剰かもしれない」と人々が考えないこともないが、1980年代末をお知りの方に思い出していただきたいの

グラフ9－1　正常な蓄積経路から逸脱したバブルの経路とその崩壊

図A　資本労働比率

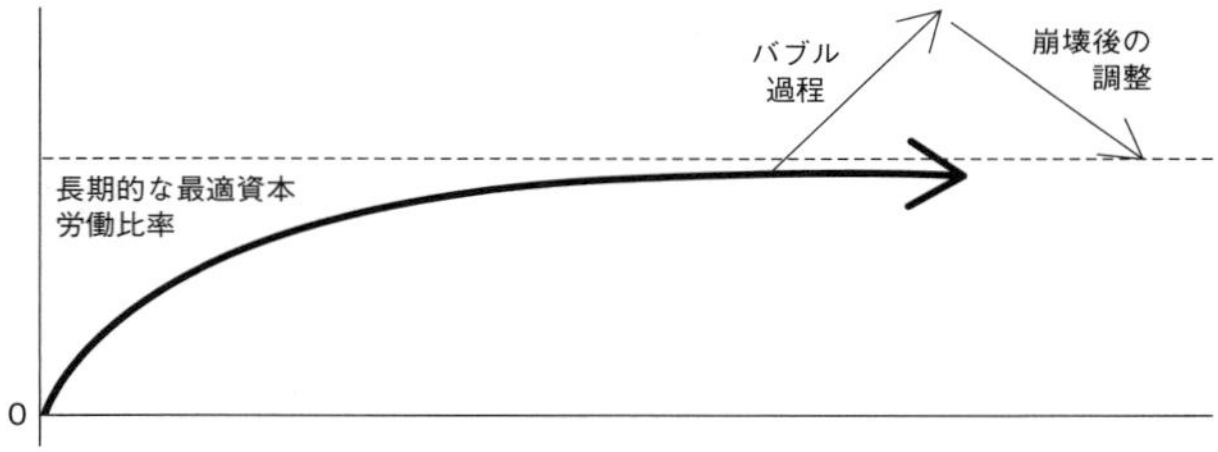

図B　限界資本効率

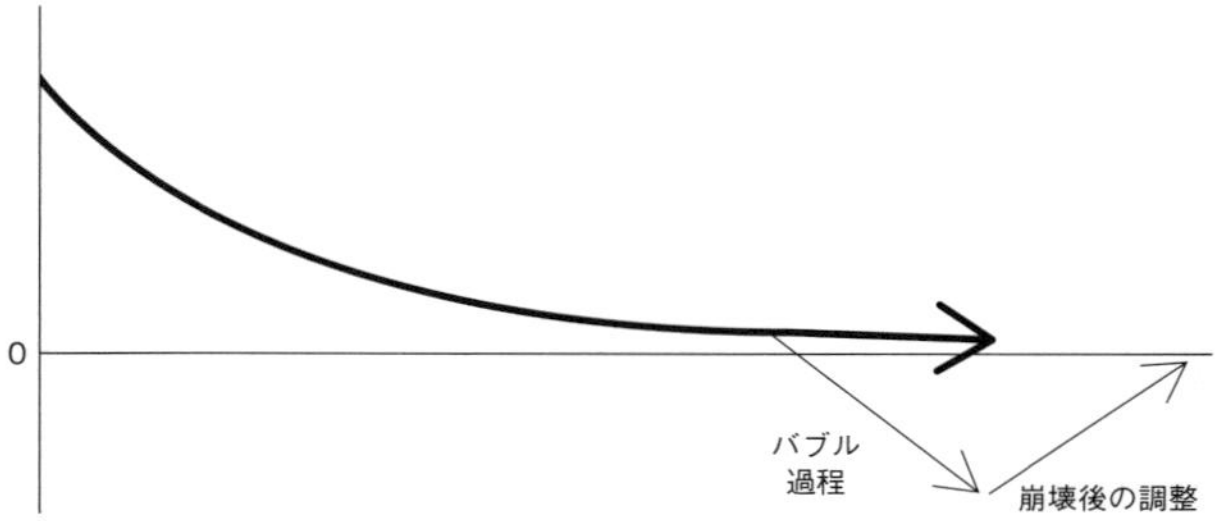

図C　総生産に占める投資の水準

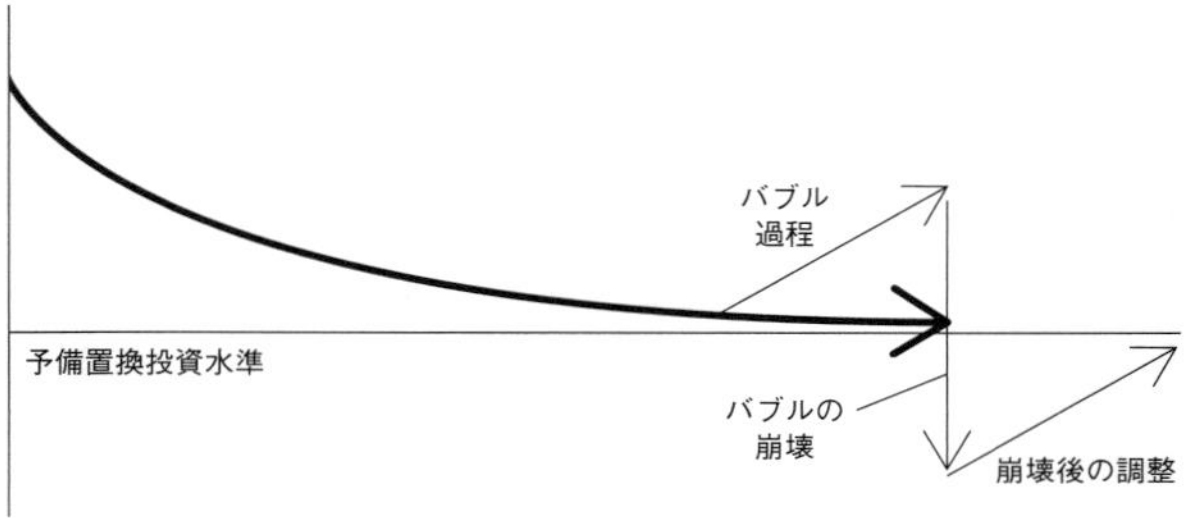

は、資産価格がどんどん上昇する過程では「投資しないと損」という雰囲気にのまれてしまって、皆が投資を止められないことである。そして、行きつく先がこの「バブル崩壊」だということになるわけである。

だから、この「バブル崩壊」では資産価格の暴落が出発点となって、それを起点に全社会の価格体系が一変するという事態が発生する。いままで投資していた資産に、リアルな価値がないと分かってしまったためにそれらの価格は暴落し、もちろんこれまでのような投資は続かない。この投資が急減すると（その分の総消費の急拡大がなければ）マクロ的な需要不足による恐慌状態に陥ることになる。

この過程を示すのが、図C「総生産に占める投資の水準」である。つまり、図A、図Bのような単なる「方向転換」ではなく、いきなりのジャンプという形式をとったカタストロフィックな転換となるということである。この過程を示す図Cは、もっとも明確に示された「バブル崩壊」の図となる。

なお、資産価格の暴落が出発点となるこの転換の厳しさを確認しておくことも、もちろん重要である。その典型は地価や株価の暴落で、グラフ9－2では1980年代バブルにおける東京の地価の推移を例にその様子を示した。ピーク時の約4分の1まで縮んだとい

グラフ9-2　東京都公示地価に見る1980年代末バブルとバブル崩壊

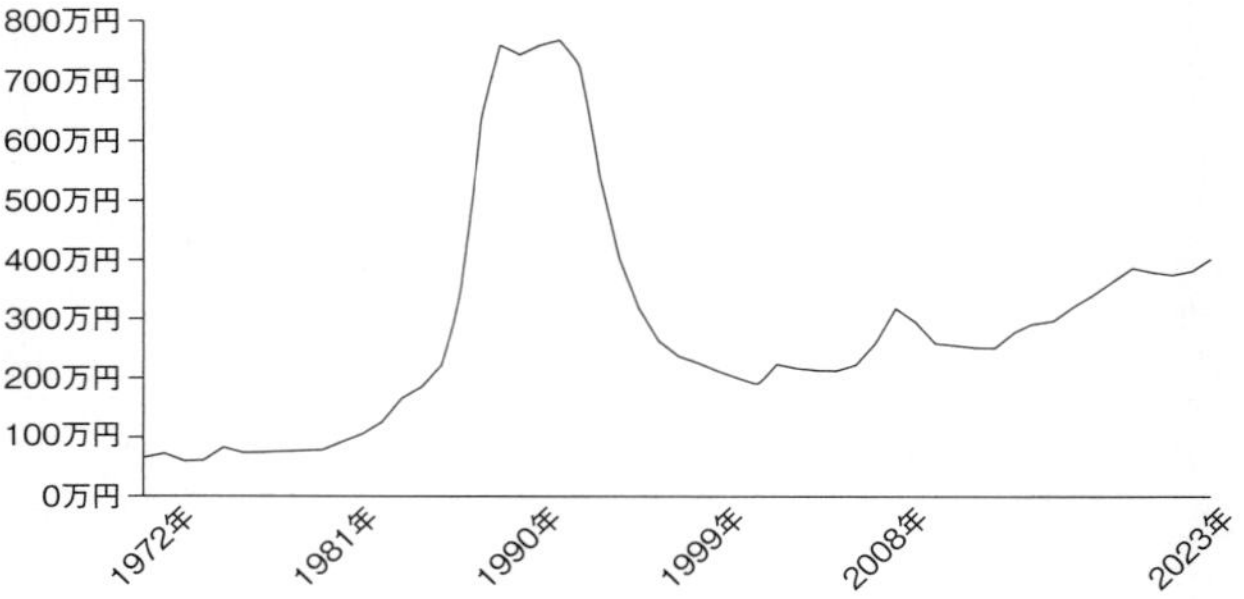

https://www.tochi-d.com/tochi/13/transition/　をもとに作成

うわけであるから、「土地」として資産保有していた人々の資産価値の4分の3が一瞬にして消えたことになる。特にこれらの投資に融資した金融機関の打撃は大きく、北海道拓殖銀行、日本長期信用銀行、日本債券信用銀行と一部地方銀行が倒産。倒産まで至らなかった銀行なども巨額の不良債権を抱え、その処理に10年以上を費やすことになった。

†「価格上昇が投資を生む」という矛盾

ところで、バブルの「投資対象」が「土地」や「株」中心であったということを無視するわけにはいかない。

通常の投資財への投資効率は、少なくとも先進国ではすでに相当低いものとなっている。そこで、多くの「高級リゾート開発」などを典型として、バブル期には資産価値を膨張させた資産家による高額消費が拡大し、投資が行われた。しかし、これは資産価格上昇の結果として生じた事態であって、その「価格上昇」自体が投資の理由であった。この意味で、バブルの投資対象は、そもそも「実物投資でなかった」との理解が重要である。何かに投資しなければならなくなると、その対象としては、「リゾート開発」のようなものしかなくなるのである。

だから、そもそも資本蓄積の十分になされた後の先進国で「投資先」を探そうとすること自体に問題があり、「投資」ではないもうひとつのGDP構成要素の「消費」にこそ社会的資源がまわされなければならない。つまり、「投資主導」から「消費主導」への転換で、これはすべての諸国が経過している自然な流れである。

ただ、とはいえ、「資本主義」自体がそもそも「ヒト」にではなく「資本」を重視し、それに社会的資源を動員するシステムとして形成されたものだから、このあり方を転換するのは簡単ではない。たとえば、株式会社というシステム、これは社会に少額ずつ存在する遊休資金を投資の為に如何に集めるかという目的のために形成された。家計の総貯蓄を企業の総投資に回す金融システム全体がそれを担っているとも言える。また、何だかんだ言っても労働者の地位を高めようとする努力が不足していたのも、「賃金」にではなく「企業」に資金を残して「投資」を促進するためだった。要するに「資本主義」とは「資本」のためのシステム、それを増殖するためのシステムだったということである。

†金があるのに投資先がない

だが、このシステムは永遠ではありえない。先の図B「限界資本効率」に示したように、資本蓄積の進んだ先進国では、投資の余地がそもそも少ない。資本の蓄積には「上限」があり、必要以上の資本の蓄積は問題ですらある。

このことを「マルクス派最適成長論」で示す紙幅が本書にないのが残念だが、少なくとも先進国の資本蓄積スピードが途上国より遅いという事実だけは読者と共有できると思う。これは状況証拠的なものでしかないが、先進国の資本が途上国に移動しているのも、その傍証となる。

実際、たとえば、日本企業の全般的な状況を示すグラフ9‐3からは、そもそも企業自体が資金を投資しあぐねていることが分かる。「投資したいのにお金がない」のではなく、「金があるのに投資先がない」ということで、これはもう、投資を優先して社会を構成しグラフ9-3　日本企業は「金あまり」
法人企業の対総資産貯蓄投資差額の推移

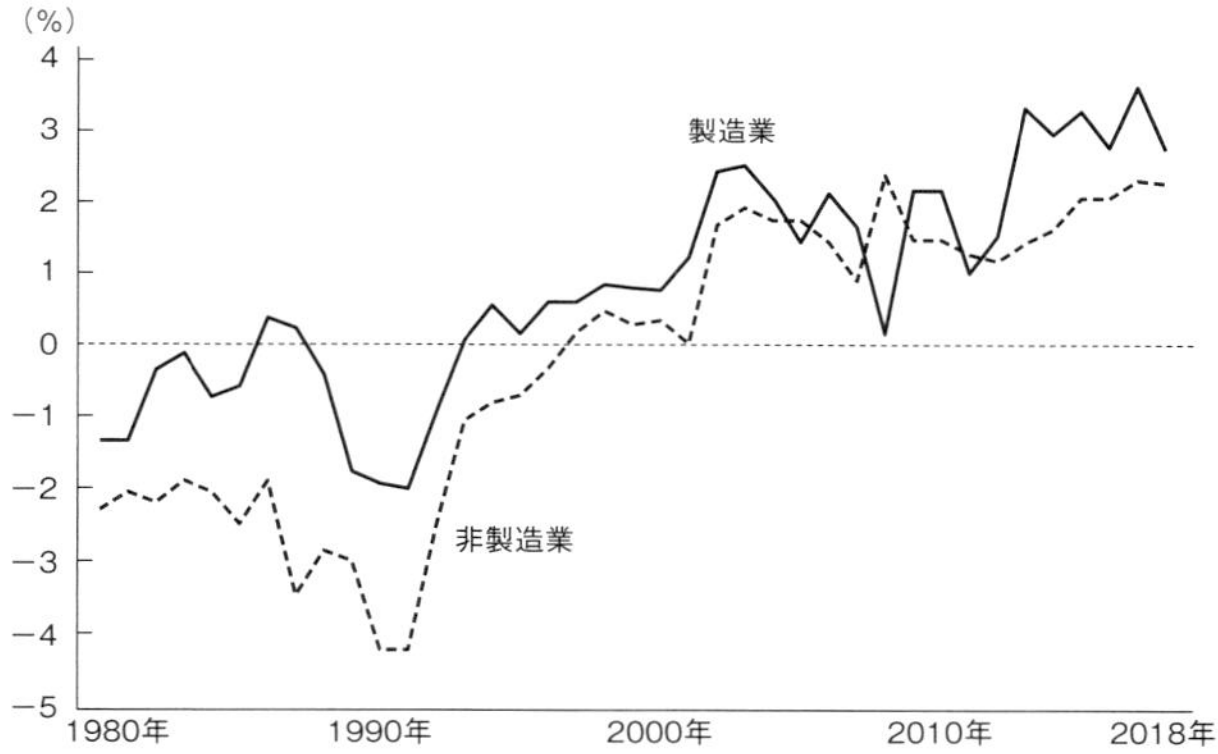

財務省「法人企業統計年報」
小川一夫（2020）51ページより転載

てきたこと――そもそも資本主義システムを作ってきたこと自体の限界だと言わざるを得ない。

ただし、もともと人類が資本主義を形成したのも、それがまさに必要な時代があったからである。つまり、産業革命がおこり、「手の熟練」ではなく「機械」が生産力の礎となった時、当然のようにそれを促進する社会システムを私たちの先祖は形成した。それはまさに時代に合ったまったく適切な対応であった。資本の蓄積によってはじめて「生産力発展」がなしえたからである。

だが、その時代は生産力の発展を十二分にやりとげた先進国において過ぎ去ってしまっている。そもそもの目的、生産力発展の目的が何であったかが思い起こされなければならない。それは「人々の幸せな生活」であったはずである。資本蓄積がこの目的にとっての「手段」でしかなかったことを思い起こし、本来の目的に戻ること、「人々の幸せな生活」自体を直接の目的とする社会への回帰こそが求められるのである。

実を言うと、それへの抵抗は相当強いものがある。たとえば、公共事業はもうたくさんと思っても、建設業者はその論に反対するだろう。それが彼らの利益だからである。また、人びとをさらに「投資」に誘導したい証券会社は、投資すれば社会全員が遊んで暮らせるかのような幻想をばらまく。

だが、それはただ彼らがそうすることで利益を得るだけのことで、それが社会全体の利益であるということではない。個別の利益ではなく、社会全体がどのようなメカニズムで動いているのか、過去と違う現在の状況は何かなど、私たちが知らなければならないのは、そういうものなのである。

†氷河期世代が未婚である本当の理由

以上、本章で述べたいことは基本的には述べられたし、「社会全体の利益」という論点

表　各世代（男性）の年齢別未婚率（氷河期世代の特殊性）

	25-29	30-34	35-39	40-44	45-49	50-54
2015年時点に50-54歳だった世代	65.1	37.5	26.2	22.7	22.5	20.9
2015年時点に45-49歳だった世代	67.4	42.9	31.2	28.6	25.9	
2015年時点に40-44歳だった世代	69.4	*47.1*	*35.6*	30		
2015年時点に35-39歳だった世代	71.4	*47.3*	*35*			
2015年時点に30-34歳だった世代	71.8	47.1				
2015年時点に25-29歳だった世代	72.7					

2015年国勢調査「年齢階級別未婚率の推移」より作成

は次章に引き継ぐ。つまり、ここでもう本章は終わってもいいのだが、本書の重要論点には「人口問題」もあるので、それとの関係でもう1点だけここで付言しておきたい。「バブル」が「人口問題」とつながっているということである。

というのは、1990年代当初に私たちが経験したその「バブル」というものの崩壊が、当時ちょうど就職を控えていた世代を直撃し、それが彼らの婚姻率にまで直結してしまっているからである。表「各世代（男性）の年齢別未婚率（氷河期世代の特殊性）」に示すように、明らかに前世代より未婚率が高いのである。1990年代に20歳前後となったこの世代は「（就職）氷河期世代」と呼ばれて事あるごとにその特殊性が論じられるが、彼らによる、少子化への深刻な影響を見ることができる。

特に注目しておきたいのは、氷河期世代が「結婚・出産

グラフ9-4　35〜39歳時点での「未婚で親と同居する非就業者・非正規雇用者」が人口に占める割合

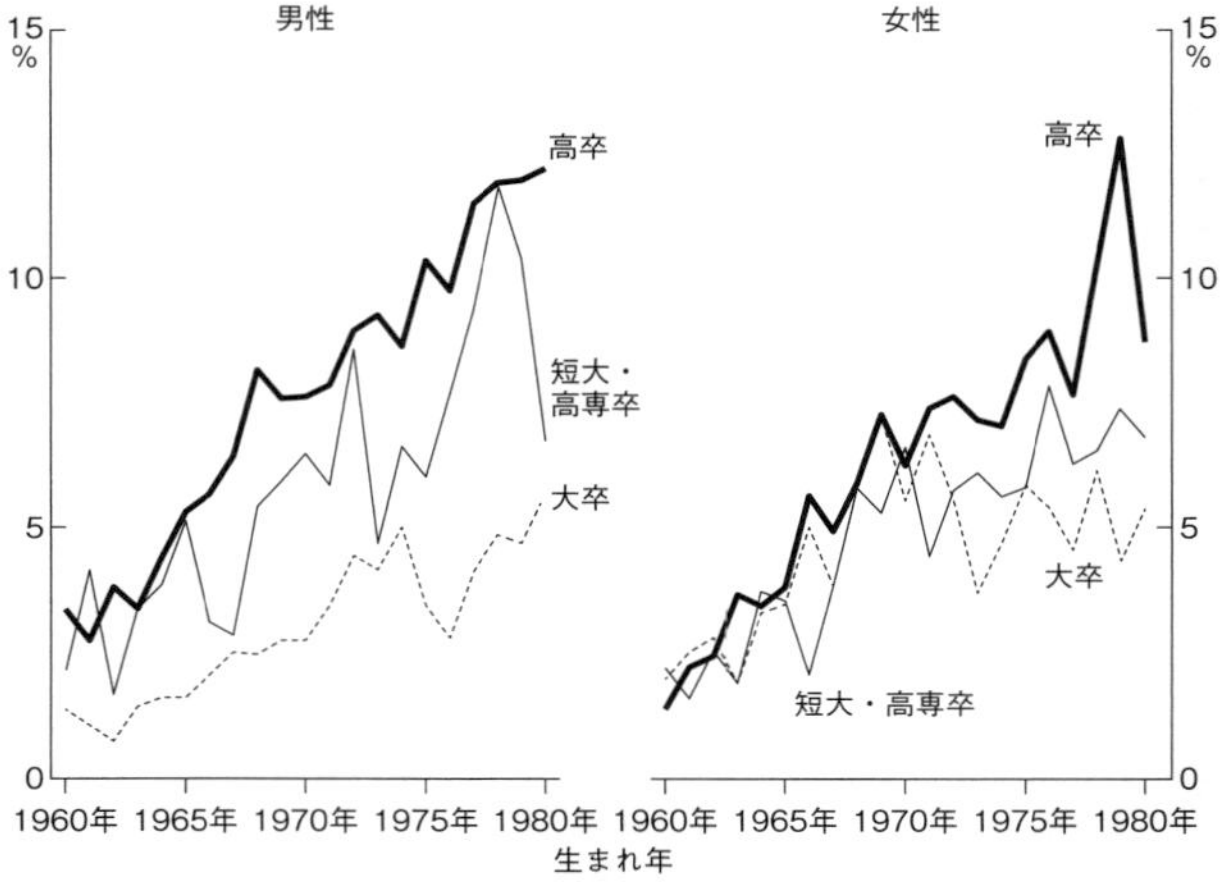

総務省「労働力調査」

加藤絢子「氷河期世代をどうするのか②　老後に不安、福祉充実検討」『日本経済新聞』2024年5月10日付より転載

適齢期」とされる30―34歳や35―39歳となった時点での未婚率がぐっと上がっていることである。ある世代の半分から3分の1にあたる若者が結婚をしていないのだから、これで人口減とならないはずはない。

そして、ほぼ同趣旨の記事が『日本経済新聞』24年5月10日付で出ていることも紹介しておきたい。その記事は、この世代の特別の重要性を私と同じく主張するものであり、氷河期世代の多くが未婚のままとなっていることを問題としている。グラフ9－4に明らかなように、1970年代半ば以降に生まれた世代の未婚率の急上昇は、特に高卒、短大・高専卒者で激しい。グラフ9－4は、氷河期世代の未婚が、貧困によるものであることを反映している。

このことを強調しなければならないのは、「貧困」と「人口減」を本書は重要なテーマとしているからだが、もっと言えばこの貧困が「バブル崩壊」の直接の結果として明確に表れているということが重要である。

本章でも述べたが、このバブルは崩壊を必ずともなう。「氷河期世代」が経験したのと同様の崩壊が再び私たちを襲うだろう。これは、現在の金利水準が適正水準を大幅に下回っており、したがって現在はバブルであることから論理的に導かれる帰結である。「崩壊」がいつくるか、その悪影響はいつまで続くのかを予測することはできないが、必ずやって来る。恐ろしいことであるが、1980年代末のバブルも数年間は続いた。

また、本書全体の視野から論じ返すと、これが資本主義という大きな法則の中で生じていることも思いだしてもらえればと思う。なぜなら、「資本主義」とは「ヒト」にではなく「資本」のための「主義」なので、「ヒト」の増加に無関心だった。「投資対象」を探し続ける「バブル」も、またそれと裏腹の関係である。資本主義と貧困とバブルと人口減は直接つながっていること、逆に言うと、人口減という形で、貧困とバブルという資本主義の矛盾が現れることを知っておきたいと思う。

†マルクス経済学の利子論について

参考までに、本章の最後にマルクス経済学の利子論についても触れていく。

利子とは生産過程で生み出された剰余価値の一部であるというのがその基本で、『資本論』では第3巻第5篇で説明されている。これは『資本論』が利潤の源泉が生産過程での労働搾取であることを示すものである以上不可欠な主張である。同じく『資本論』第3巻第4篇や第6篇では、商業利潤や地代も生産過程で生み出された剰余価値の一部であると説明されている。産業部門以外に発生するこうした利潤や地代の本質を明らかにしないかぎり『資本論』の主眼たる搾取理論は完成しない。そのための第3巻第5篇ということである。

ただし、この第3巻第5篇は非常に長大であるだけでなく、かつまた、以上の趣旨を超える内容が含まれているため、その内部構成も大変分かりにくいものとなっている。そのためもあって、学界内では、その解釈をめぐって延々と議論が繰り返されてきた。これには、マルクスがばらばらに残した草稿のエンゲルスによる編集という形で、この部分が作成されているという事情も加わっている。そして、この分かりにくさの原因には、エンゲルスが、マルクスの〝いらない草稿〟をもここに入れてしまったことにあるとの説が出されるに至っている。大谷禎之介氏が全4巻にわたる大部の研究書で明らかにされている主張で、おそらくそれが正しいのだろう。

ただし、「数理マルクス学者」としての私に言わせると、そういう方向での研究より、発展している近代経済学の研究成果を使って、生産過程で生み出された総剰余価値の利子への配分が行われているかを研究する方がよほど生産的である。本章で示した実質利子率の数式はその成果である。マルクス自身は、利子は利潤を超えることはできず、ただ市場における力関係によって決まると書いているが、その「力関係」を解明した式である。

第十章 賞味期限切れの資本主義

†致命的な危機意識の欠如

以上、本書はここまで人口問題やバブル崩壊の危機、財政危機などの点で資本主義が末期的状況に至っていることを述べた。そして、ここでもしマルクスやエンゲルスの時代をふり返って見るなら、まだその当時は「末期的」ではなかったと感じてしまう。「貧困」自体はひどかったといえるが、人口は増えていたし、恐慌が起きてもいずれは回復するものと思われていた。また、政府の国債依存も現在ほど異常なものではなかった。

言い換えると、こうして「資本主義」はそれが生み出す「貧困」だけではまだ「賞味期限切れ」とは言えなかったのだといえる。もっと社会全般の、あるいは言い換えて資本家

＝資産家にも大きな被害が及ぶほどの問題が発生して初めてそれからの離脱の必要性が認識されるということである。

　人口問題で言えば、すでに述べたことであるが、外部からの労働力の移入がないと仮定した場合、将来における底辺労働者人口は現在の底辺労働者によって再生産されないので、一部の富裕層や中間層から供給されなければならなくなる。それは現在の超富裕層と富裕層にとっても不利益ではないだろうか。少し長めのタイム・スパンで将来を考える能力が必要になるが、底辺の範囲が広がってくることは避けようがないからである。

　だが、そういう目で見た時、本書冒頭で紹介した財界系の「人口ビジョン２１００」には正直がっかりした。「人口問題は危機的」と認識し、さらに本書と同様、「合計特殊出生率２・０７の回復」という本質的な課題設定をしてはいても、結局は「強靭化戦略」と名付けられた「成長戦略」に政策提案の重点が置かれることとなっているからである。繰り返しはしないが、「２・０７の回復」についても、事実上、「それが不可欠」と書かれているだけで、その解決策についての言及はまったくなかった。

　だから、問題は、こうした「全国民的危機」に富裕層も反応ができるのかどうか、ということになる。もちろん、彼らの全部が全部というわけには行かないだろう。その一部が無駄な公共事業を推進したり、「過剰な投資勧誘」をし続けて、既得権の保護と延命をはかるだろうことは間違いない。ただし、それでも富裕層の多数派が賛成するのであれば、「資本主義からの離脱」さえ可能なのではないだろうか。

したがって、ポイントは彼らの多数派がどこまで危機意識を共有できるかできないかということになる。「富裕層が既得権を手放すなどありえない」という意見もあるだろうが、やはり私はその可能性について一度真剣に検討してみるべきだと思うのである。

†若きエンゲルスが悩んだ問題

もちろん、これは非常に悩ましい問題で、本書第八章では中間層の所得に手をつけず超富裕層の所得を移転してでも、貧困と各種の矛盾の解消すべきだと言った。しかし、この提案に超富裕層が賛成してくれるかどうかは怪しい。まあ、反対するだろう。

だが、ここで紹介したいのは、これは若きエンゲルスも悩んでいた問題でもあったということである。エンゲルスは若い頃からマンチェスターやロンドンの貧民窟に出入りし、人一倍、経済問題に関心の強い人間だったが、まだ24歳の頃に書き、その翌年の1845年にドイツで出版した『イギリスにおける労働者階級の状態』はマルクスを感動させたエンゲルスの主著とされ、岩波文庫の日本語版も増刷を重ねるロングセラーである。彼は有産階級（ブルジョワジー）に対して、次のように、その覚醒を期待していた。

……社会の権力とは、すなわち、現在、政治的・社会的支配権をにぎっており、そのために同時に、支配への参画を許さない人びとの状態にたいして責任をもつ階級を意味する。このような支配階級とは、イングランドでは、他の全文明国と同様にブルジョアジーである。しかし社会は、ことにブルジョアジーは、少なくとも社会の各成員の生命を守り、たとえばだれも飢えないように配慮する義務を有していること、この原則をわたしはわがドイツの読者にいまさら証明する必要はない。もしわたしがイングランドのブルジョアジー向けに書くのであれば、当然事情は異なるであろう。（岩波文庫上巻、191ページ）

ひとつの社会を「支配する」階級にはそれ相応の責任があるとの趣旨だが、この文章をもし「その責任を果たせないのであればその地位に居続けることはできない」とまで読み込むのならば、過去の長期の人類史はそういうものだったとも言える。特定の階級が社会全体を支配し続けるということ、たとえば貴族階級、たとえば武士階級が支配し続けるにはそれぞれの社会がそれでうまく回っていることが前提となっていたからである。

本書でも、江戸時代の身分制などがそれなりに機能していたことを述べた。ただし、そのことを裏返しに述べると、そうした責任を果たせなくなった支配階級は、支配の座から引きずり下ろされることになる。それが「革命」というものである。ちなみにこの言葉は、古代中国、殷から周への王朝の交代に当たって作られた。天子は天命を受けて支配するが、その責を全うできないと、天が「命を革め（改め）」るという意味が込められている（これを「易姓革命」という）。エンゲルスのこの文章の立場に近いと言える。

ちなみに、西洋で作られたrevolutionを、東アジアの言語で最初に「革命」と訳したのは、慶應義塾大学の開祖福澤諭吉だということも、やや脱線するが知ってもらいたいことである。福澤諭吉が1866―70年に著した『西洋事情』で使った「革命」という訳語が、中江兆民らの思想家、社会運動家によって広められ、その後、漢字文化圏全体で定着することとなったのだが、ここには福澤諭吉が単なる「西洋びいき」ではなく、中国史や漢文にも深い造詣があったことが示されている。日本の場合、「文化人」と言えるかどうかは西洋科学に通じているかどうかではなく、東洋の歴史や知恵を引き継いでいるかどうかにあった。そのひとつの例である。

†支配階級みなが反対するわけではない

もちろん重要なのはこういう言い方——支配階級に向かって「君たちは支配階級としての責があるんだ」という言い方——をするのが良いかどうかで、まさにここは私自身にも問われる問題である。私の場合、資産階級のすべてではないにしても少なくともそのほとんどの利益に関わる重大問題が現在の資本主義にはあり、したがって「社会変革」にはそうした人びとの合意が不可欠と認識しているからである。そして、この同じ問題にエンゲルスも悩み、後に先のような言い方は間違っていたと宣言することとなる。『イギリスにおける労働者階級の状態』の初版から約半世紀後の１８９２年に出された第２版の序文における文章がそれだが、引用すると次のようになる（傍点筆者）。

この本の一般的な理論的立場——哲学的、経済的、政治的な点での——が、わたしのこんにちのそれとけっして正確には一致しないことを述べる必要は、おそらくほとんどなかろう。一八四四年には近代的な国際的社会主義はまだ存在していなかったが、以来それはとりわけ、またほとんどもっぱら、マルクスの業績によって一つの科学にまで育成されたのである。わたしの本は、社会主義の胎児的な発展の一局面をあらわしているにすぎない。そして人間の胎児がその最初期の発育段階には、人類の先祖である魚の鰓《えら》をいまなお再現するように、この本はいたるところで、近代的な社会主義がその先祖の一つ――ドイツ古典哲学――から生成したあとを示している。そのために大きな力点が――とくに結論において――共産主義は労働者階級のたんなる党派的な教義ではなく、資本家をふくめ社会全体を、現在の圧迫された状況から解放することを最終目標とする一つの理論であるという主張におかれている。このことは抽象的な意味では正しいが、実際には有害無益である。有産階級が解放の必要を感じていないだけでなく、労働者階級の自己解放にも全力で抵抗しているかぎり、そのかぎり労働者階級はともかくも社会的変革を単独で開始し、遂行しなければならないであろう。一七八九年のフランスのブルジョアも、全人類解放のためにブルジョアジーの解放を宣言した。しかし貴族と聖職者はこれを理解しようとはしなかった。この主張は――その際に封建制が考慮されたかぎりでは、当時としては否定しえない、抽象的な、歴史的事実であったとはいえ――やがて純然たる感傷的きまり文句に堕し、革命闘争の火のなかで完全に消えてしまった。

労働者にたいしてより高い非党派的見地から、あらゆる階級対立と階級闘争を超越した社会主義を説く人びとは、こんにちも十分に存在する。しかし彼らはなお多くを学ばなければならない新顔か、労働者の最悪の敵、羊の皮をかぶった狼である。(岩波文庫下巻、275—276ページ)

やや長めに引用したが、次のように要約したい。

①この本の執筆当時とは違って、いまは社会主義運動が発展しているという違いがある。

②「共産主義は単なる党派的な教義でなく資本家を含む社会全体の解放の理論だという主張」はドイツ古典哲学の影響によるものであった。

③その考えは抽象的には正しいが実践的には有害である。

④有産階級が解放の必要を感じていず、かつ労働者階級の解放にも抵抗しているかぎり、労働者階級は社会変革を単独で遂行しなければならない。

⑤過去にフランス革命の際には革命の主体であるブルジョワジーがそうした主張をしたが、当時の支配階級であった貴族と聖職者はそれを理解しなかった。

⑥したがって、社会変革とはやはりある階級によるある階級の打倒として存在する。その

否定を労働者に対して論ずる者は理解が不足しているか、さもなければ社会変革の妨害者である。

主張は明確である。簡単に言うと現存の支配階級に期待するな、ということであるが、それでもよく読むとエンゲルスの主張にもいくつか微妙な表現がある。それぞれの具体的論点を挙げれば、

①21世紀の日本においてその「社会主義運動」の力量はいかなるものと考えられるか。

②および③「抽象的には正しい」と言っている。

④社会矛盾が有産階級にも強く影響するようになり、社会変革の必要性を彼らが感じ、そのため社会変革に敵対しない状況であれば話は違ってくる。

⑤フランス革命の際は貴族や聖職者に社会矛盾が強く影響していなかったから、彼らが社会変革に反対したのではないか。

⑥これも支配階級が一致して社会変革に敵対している場合の話ではないか。

となる。ポイントは「抽象的には正しい」と言っている以上に「実践的には間違い」という論理なのであって、そうすると結局、支配階級が実際に一致団結して抵抗しているのかどうか、もっと言えば、支配階級も社会変革を容認せざるを得ないほどに社会矛盾が全

般的なもの、全国民的なものになっているかどうかという点での評価が、判断の分かれ目となっていることになる。

実際、本章冒頭で述べたように、マルクスやエンゲルスが「いまこそ革命を」と思ったとしても、私の目からすれば、まだ当時の資本主義は歴史的正当性を持っていたと思う。その後の資本主義の発展は目覚ましく、底辺層の生活水準も引き上げた。社会の一部に貧困など様々な問題を押し付けたことは事実ではあっても、いまから振り返るとこのような評価をせざるを得ないと思うのである。

だが本書で縷々述べてきたことは、『資本論』が発表された時代とは、状況が異なるということである。たとえば人口がついにマイナスとなる時代がやってきた。また、バブルとその崩壊や、「全般的危機」（財政危機、原発や軍事化など）が迫ってきていて、これらの全般的危機は、かなりの程度に現代資本主義的な問題だと言える。だから、マルクス、エンゲルスの時代と状況が変わった、というのが本書の基本的主張となる。読者諸氏はどう考えられるだろうか。


†「わが亡きあとに洪水は来たれ！」は現代も通用するか

確かに、そうは言っても「マルクス主義」に鍛えられた多くの皆さんは私の主張に反発されるだろうし、現実の「資本家階級」のほとんどは根本的な社会変革を拒否するだろう。それは事実である。

だが、たとえば共産党や社民党など、本来「共産主義」や「社会主義」をめざすはずの諸政党が選挙で主張していることは、「これでは全住民が困る」、「これは全国民にとっての不利益だ」というものがほとんどとなっていて、特定階級（党員や労働組合員、または貧困層）だけの利益に関わる論点はほとんどない。つまり、矛盾の「全国民性」こそが主張されているのであって、これは理論的に言うと、私の主張と同じということになる。そういう意味では、私の主張はそう不自然なものではない。

また、この論点はマルクスの有名な「わが亡きあとに洪水は来たれ！」に関わる叙述とも関わっているので、その部分も以下に引用させてほしい。

自分をとり巻く労働者世代の苦悩を否認するためのあんなに「十分な理由」をもっている資本が、人類の将来の退化や結局どうしても止められない人口減少の予想によって、自分の実際の運動をどれだけ決定されるかということは、ちょうど地球が太陽に落下するかもしれないということによって、どれだけそれが決定されるかというようなものである。どんな株式投資の場合でも、いつかは雷が落ちるに違いないということは、誰でも知っているのであるが、しかし、だれもが望んでいるのは、自分が黄金の雨を受けとめて安全な所に運んでから雷が隣人の頭に落ちるということである。わが亡きあとに洪水は来たれ！ これがすべての資本家、すべての資本家国家の標語なのである。だから、資本は、労働者の健康や寿命には、社会によって顧慮《こりょ》を強制されないかぎり、顧慮を払わないのである。（『資本論』第1巻第8章第5節、マルクス＝エンゲルス全集版352―353ページ、ディーツ版285ページ、訳語は一部、筆者修正）

これは前著『「人口ゼロ」の資本論』でも引用したもので、資本家が社会的矛盾に顧慮しないことを書いたものとして有名である。その前半で「地球が太陽に落ちる」というあり得ない例（起きたとしても何億年も先の話）と、株価が暴落するという必ず起こる例が並んで書かれているのが気になるが、基本は自分には関係ないと考え、強制がないなら顧慮しないという彼らの態度はこうだということである。言われていることは分かる。

だが、この理屈もよくよく考えると、自分には不利益が及ばないと信じ続けられることが前提となっているので、その「信じ込み」が虚構であることを否が応にも知ってしまったらどうなるのだろうか。本書が縷々論じたことは論理的にはそういうことになるのだと思うのである。

†コロナ禍で問題となったこと

こうして考えてみると、世にあるひとつひとつの問題が「全国民的問題」なのか、一部の不利益でしかないのかに関心が向かっていくが、そうした問題関心にかなり近い論点が浮上したのが先のコロナ禍だったということもできる。普通に言うと、あの「コロナ禍」では全国民、というか全世界の人々が困難に陥ったわけで、その意味でこの問題の典型であったと言えるからである。

だが、このマルクス経済学者というもの、いわば偏屈で、このコロナ禍の下でも誰が儲け、誰が不利益を得ているか、というような問題を考えてきた。たとえば、業界的には飲食業界や旅行業界が最も打撃を受けた一方で、衛生用品業界、ゲーム業界や在宅勤務に関わる業界は利益を得ただろう。また、個人ベースで言えば、「邸宅」と言える大きな家に住んでいた富裕層と、小さなアパートに家族が一緒に住まなければならない貧困層の利益も相当に違っていたはずである。

私は、この時期、厚生労働省のホームページを見て、通勤労働者が電車の中で感染しても、それを証明できない限り労災の対象とはならないことを知ったが、こんなものは「雇う側」と「雇われる側」、つまり資本家と労働者の間の典型的な非対称性だと思った。ついでに言うと、この時期、週末夜間は外に出るな、でも働きには来い、という話だったので、これは「労働時間」は資本家が自由にするが、各人に残された週末夜間の「自由時間」は自由にさせないという不公平な扱いだと思った。いずれにしても、コロナ禍も「万民平等」ではなかったということである。

あるいは、この問題はさらに一般化して疫病と免疫力との関係としても議論できる。たとえば、HIVについての調査をしている国連合同エイズ計画（UNAIDS）は、世界に3840万人いるHIV感染者のうち約5割がサハラ以南のアフリカに住んでいることを報告している（石井光太、2023）。世界保健機関（WHO）のデータ（Global Health Estimates 2016）でも、HIVが高中所得国の死亡原因トップ10に入らない一方で、低所得国では第5位の死亡原因となっていることが示されている。免疫力の有無が感染の有無に決定的に影響する、ということである。

もちろん、いまここで議論しているのは、とりあえず日本国内の話で、低所得国の話ではないが、栄養状況が疫病感染の有無を決めるという意味では重要である。日本でも貧困世帯向けのフード・バンクや子供食堂などが出てきていることはよく知られているが、7人に1人の子供がおなかをすかせている（相対的貧困）のだから、ここに免疫力の差が出てきていても不思議はない。さらに、ひとり親世帯の貧困率はいまや何と44・5%にまで上っている（厚生労働省調査、2021年）。

こうして感染症など疫病の問題も実は貧富の格差と深く関わっているのである。

確かに疫病は誰もが等しく影響を受けるように見えるが、さまざまに違いが生じることは歴然たる事実である。そして、そのために、生活に厳しい制限が課されたコロナ禍の中でも処方箋的な「対策」しか行われなかった。つまり、「貧困の撲滅」という課題には社会的関心が及ばなかったのである。

†人口問題は別

だが、そうであるからこそここで申したいのは、人口問題は別だということである。

人口というものは、他のありとあらゆるものの基礎となるもので、それが縮小するというのはやはり「社会全体」としての危機である。そして、もし富裕層が自分たちだけは普通に結婚して子供を作って……と考えているとしても、貧困層が人口再生産できないのなら、富裕層の子孫がそれをまかなわなければならなくなるということを考えなければならない。つまり言いたいことは、「人口問題」というのは、やはり他とは根本的に違った意味合いを持つということである。

この意味合いを、以下の視点でも確認しておきたい。それは「人口減の原因としての貧困は、富裕層にとって問題ではない」が、「それによってもたらされる人口減には富裕層も影響を受ける」、つまり「貧困があることには反対でなくとも、その帰結を（富裕層も）避けたい」ので「貧困に反対する」という論理である。やむなく反対せざるを得ない、と言い換えても良いかもしれない。

ただ、さらにこの問題で重ねて言わなければならないのは、貧困による人口減少の問題は大きな時間差をともなってしか現れないということで、それがこの問題を軽視させもすれば、骨身に染みる問題として強く認識させることにもなるということである。実際、現在もなおこの問題の認識は不十分としか私には思えないが、10年後、20年後、30年後と、時間が経つほど対策は困難になる。

もっと言うと、100年後に日本の人口が4000万人を割り込んだ時には、取り返しがつかない状態になっているだろう。もしそうなれば、その時点でやはり資本家階級の多数派もまた、必ずこの原因——若者の貧困の解消について考えざるを得なくなっているはずだ、ということである。この場合、この問題の深刻さに気が付いた資本家構成員から順番に社会体制の変革の側に移行するということになる。

本書では、人口減問題を出発点とし、その原因たる貧困が、他にも「全国民的危機」を生み出しつつあることを述べた。具体的には、バブル（とその崩壊）、財政危機と原発や軍事化の問題だが、これらが相互に深く絡み合っていることも重要な論点だった。小さな諸問題でなく、それぞれが全国民的影響を持つ問題であれば相互に絡み合うのも当然だが、それらのひとつひとつがすべて危機というにふさわしい重大問題であることの認識が重要である。本書がその理解の一助となったのであれば幸いである。

あとがき――日本における労働者階級の状態

以上、人口問題やバブル経済問題、財政危機や原発・軍事化の問題を出発点としてそれらの根本原因である貧困の原因を資本主義の問題として論じ、最後にはそれからの脱却の必要性とその条件について論じた。

この最後の部分はこうした根本的変革の必要性がどのように全国民的に理解されるか、言い換えると資本家階級にまで理解される条件は何かという論点だが、その意味でこれは政治的条件に関する議論をしていることになる。最後にはこうした問題が正面きって論じられるべきではないかと考えたからである。現状はこう問題だ、変革されなければならないといったとしても、本当にそれが実現可能かどうかは別種の問題だからである。

実のところ、この問題をつめて考えなければならないと考えたのには、前著の出版後、白井聡氏と週刊誌向けの対談をしたことを契機としている。対談自体は『週刊現代』の2023年11月5日号で発表されていて、それはそれで楽しい対談だったが、それ以上にこれを機会にお読みした白井氏の主著『未完のレーニン』（講談社、２００７年）の主張がショックだった。労働者から自然発生的に社会変革が生じると思うのは間違いだと書かれていたからである。

確かに、この主張はマルクス主義の領域では特殊なものではない。また、実際政治で多数派労働者がそれほど積極的な役割を果たせていないのも事実である。だが、問題をこのように直接つきつけられるとやはり考えさせられた。「労働者がまず変革の先頭に立たねばならない」といっても、他方の現実を無視するわけにはいかないからである。

そのため、それ以降、私は周りの知人たちといろいろと討論を繰り返し、あらためてマルクスやエンゲルスの著作に戻るというようなこともした。そして、そこでめぐりあったのが、遠い昔に読んだことはあっても、忘却の彼方にあったエンゲルスの著作『イギリスにおける労働者階級の状態』である。この著作を書いた時点のエンゲルスも資本家階級の構成員だったから、本書の最終章で書いたように「ブルジョワジーの責任」という表現を使い、自身の責務として社会変革に関わるようになったということである。

ただし、そこでも書いたが、エンゲルスは後にこの考えを改める。だが、資本家であるエンゲルスがその責任を自覚したという事実自体は変わりはない。マルクスも含めて彼らを狭い意味の「労働者階級」と呼ぶことはできない。そうした人々によって社会変革の口火が切られたことを忘れるわけには行かないのである。

もちろん、とは言っても本書では彼らがその「責任」を感じてというのではなく、彼ら自身にも資本主義の矛盾が及ぶ、ということを根拠として彼らも（少なくともその一部は）社会変革を意図するようになると述べた。「人口減」という至極「全社会的」ないし「全民族的」な問題を出発点に本書を組み立てた理由はここにある。

ただし、ともかく、こういう論点、そう簡単に同意してもらえないのは覚悟の上である。しかし、議論することの必要性についてだけは同意していただければと強く思う次第である。

なお、本書の出版にあたっても様々な人のお世話になった。大変丁寧に原稿を見て頂いた筑摩書房の松本良次さん、今回もフリーの立場から編集をサポートいただいたジャーナリストの角田裕育さんに改めてお礼申し上げたい。ありがとうございました。

2024年8月

大西　広

参考文献

秋永雄一（1987）「現代における「身分」と教育――「文化的再生産」への視角」『教育社会学研究』第42集
有井行夫（2010）『マルクスはいかに考えたか』桜井書店
石井光太（2023）『世界と比べてわかる日本の貧困のリアル』PHP文庫
今田高俊・原純輔（1979）「社会的地位の一貫性と非一貫性」富永健一編『日本の階層構造』東京大学出版会所収
岩井克人（1992）『ヴェニスの商人の資本論』筑摩書房
大谷禎之介（2012）『マルクスの利子生み資本論』全4巻、桜井書店
大西広（2003）『グローバリゼーションから軍事的帝国主義へ』大月書店
大西広（2015）「香港は『雨傘革命』で『財界天国』を辞められるか」『季刊中国』第120号
大西広（2020）『マルクス経済学（第3版）』慶應義塾大学出版会
大西広（2021）「排外主義の世界的拡がりと香港「民主派」――「少数民族運動」との類似点とも関わって」『研究中国』第12号
大西広（2023）『「人口ゼロ」の資本論』講談社＋α新書
大西広・白井聡（2023）「マルクスを読めば、この国が行き詰っている理由がよくわかる　少子化と『資本論』」『週刊現代』2023年11月5日
小川一夫（2020）『日本経済の長期停滞』日経BP社
置塩信雄（1976）『蓄積論（第2版）』筑摩書房

加藤絢子「氷河期世代をどうするのか②　老後に不安、福祉充実検討」『日本経済新聞』２０２４年５月10日付
加谷珪一（２０２４）「貧しくなったニッポンは、「途上国型経済」を受け入れるのか…?高所得国に返り咲く最後のチャンスが迫る」講談社ウェブサイト「現代ビジネス」２０２４年3月6日
斎藤幸平（２０２０）『人新世の資本論』集英社
斎藤幸平（２０２２）『僕はウーバーで捻挫し、山でシカと闘い、水俣で泣いた』KADOKAWA
塩路悦朗（２０１８）「物価水準の財政理論と非伝統的財政・金融政策：概観」*PRI Discussion Paper Series* (No.18A－07)、財務総合政策研究所
白井聡（２００７）『未完のレーニン』講談社
白井聡（２０２０）『武器としての「資本論」』東洋経済新報社
白井聡（２０２３）『今を生きる思想　マルクス　生を呑み込む資本主義』講談社現代新書
田上孝一（２０２１）『99％のためのマルクス入門』晶文社
中野剛志（２０１９）「「現実」対「虚構」ＭＭＴの歴史的意義」Ｌ・ランダル・レイ著、鈴木正徳訳『ＭＭＴ現代貨幣理論入門』東洋経済新報社所収
新野幸次郎・置塩信雄（１９５７）『ケインズ経済学』三一書房
平川克美「人口減少がもたらすモラル大転換の時代」（内田樹『人口減少社会の未来学』文春文庫、２０２１年所収）
星野卓也（２０２３）「児童手当拡充と扶養控除廃止の家計影響資産―改正による出生から高校卒業までの通算影響」『Economic Trends』第一生命研究所星野研究員の試算.pdf
松尾匡（２０１０）『不況は人災です！』筑摩書房
松尾匡（２０１９）「ＭＭＴの命題は「異端」でなく「常識」である」Ｌ・ランダル・レイ著、鈴木正徳

訳『MMT現代貨幣理論入門』東洋経済新報社所収
森岡孝二（2015）『雇用身分社会』岩波新書
山崎亮一（2022）『本源的蓄積と共同体』筑摩書房
山田博文（2023）『国債ビジネスと債務大国日本の危機』新日本出版社
ピエール・ブルデュー（1990）『ディスタンクシオン──社会的判断力批判』藤原書店

ちくま新書
1823

バブルと資本主義《しほんしゅぎ》が日本《にっぽん》をつぶす
——人口減《じんこうげん》と貧困《ひんこん》の資本論《しほんろん》

二〇二四年一〇月一〇日　第一刷発行

著者　大西広（おおにし・ひろし）
発行者　増田健史
発行所　株式会社　筑摩書房
東京都台東区蔵前二―五―三　郵便番号一一一―八七五五
電話番号〇三―五六八七―二六〇一（代表）
装幀者　間村俊一
印刷・製本　株式会社　精興社

ISBN978-4-480-07647-2 C0233

ちくま新書

533
マルクス入門
今村仁司
社会主義国家が崩壊し、マルクス主義が後退した今、マルクスを読みなおす意義は何か？　既存のマルクス像からはじめて自由になり、新しい可能性を見出す入門書。

1182
カール・マルクス
――「資本主義」と闘った社会思想家
佐々木隆治
カール・マルクスの理論は、今なお社会変革の最強の武器であり続けている。最新の文献研究からマルクスの実像に迫ることで、その思想の核心を明らかにする。

785
経済学の名著30
松原隆一郎
スミス、マルクスから、ケインズ、ハイエクを経てセンまで。各時代の危機に対峙することで生まれた古典には混沌とする経済の今を捉えるためのヒントが満ちている！

1377
ヨーロッパ近代史
君塚直隆
なぜヨーロッパは世界を席巻することができたのか。「宗教と科学の相剋」という視点から、ルネサンスに始まり第一次世界大戦に終わる激動の五〇〇年を一望する。

1400
ヨーロッパ現代史
松尾秀哉
第二次大戦後の和解の時代が終焉し、大国の時代が復活し、危機にあるヨーロッパ。その現代史の全貌を、国際関係のみならず各国の内政との関わりからも描き出す。

1779
高校生のための経済学入門【新版】
小塩隆士
全体像を一気につかむ、最強の入門書を完全アップデート！　金融政策の変遷、世界経済を増補し、キーワード索引でより便利に。ビジネスパーソンの学び直しにも！

1791
経済学の思考軸
――効率か公平かのジレンマ
小塩隆士
経済学はどのような〝ものの考え方〟をするのか、2つの評価軸をもとに原理原則から交通整理する。市場、格差、経済成長……ソボクな誤解や疑いを解きほぐす。

ちくま新書

1609
産業革命史
――イノベーションに見る国際秩序の変遷
郭四志
産業革命を四段階に分け、現在のAI、IoTによる第四次産業革命に至るまでの各国のイノベーションの変転をたどり、覇権の変遷を俯瞰する新しい世界経済史。

001
貨幣とは何だろうか
今村仁司
人間の根源的なあり方の条件から光をあてて考察する貨幣の社会哲学。世界の名作を「貨幣小説」と読むなど貨幣への新たな視線を獲得するための冒険的論考。

1019
近代中国史
岡本隆司
中国とは何か？　その原理を解く鍵は、近代史に隠されている。グローバル経済の奔流が渦巻きはじめた時代から、激動の歴史を構造的にとらえなおす。

1740
資本主義は私たちをなぜ幸せにしないのか
ナンシー・フレイザー
江口泰子訳
資本主義は私たちの生存基盤を食い物にすることで肥大化する矛盾に満ちたシステムである。世界的政治学者がそのメカニズムを根源から批判する。（解説・白井聡）

1559
ポスト社会主義の政治
――ポーランド、リトアニア、アルメニア、ウクライナ、モルドヴァの準大統領制
松里公孝
地政学的対立とポピュリズムに翻弄された激動の30年を、大統領・議会・首相の関係から読み解く。時に暴力を伴う政治体制の変更は、なぜ繰り返されるのか。

1420
路地裏で考える
――世界の饒舌さに抵抗する拠点
平川克美
様々なところで限界を迎えている日本。これまでのシステムに背を向け、半径三百メートルで生きていくことを決めた市井の思想家がこれからの生き方を提示する。

1020
生活保護
――知られざる恐怖の現場
今野晴貴
高まる生活保護バッシング。その現場では、いったい何が起きているのか。自殺、餓死、孤立死……。追いつめられ、命までも奪われる「恐怖の現場」の真相に迫る。

ちくま新書